histoire / géographie

3e

BREVET

exercer ses capacités

sous la direction de Pierre DESPLANQUES

Jean-Luc CARTON, certifié d'histoire-géographie
Rudy DAMIANI, certifié d'histoire-géographie
Pierre DESPLANQUES, agrégé de géographie
Jean-Michel LAMBIN, agrégé d'histoire
Jean-Luc VILLETTE, agrégé d'histoire

HACHETTE
Collèges

AUTO-ÉVALUATION

Une cible à colorier

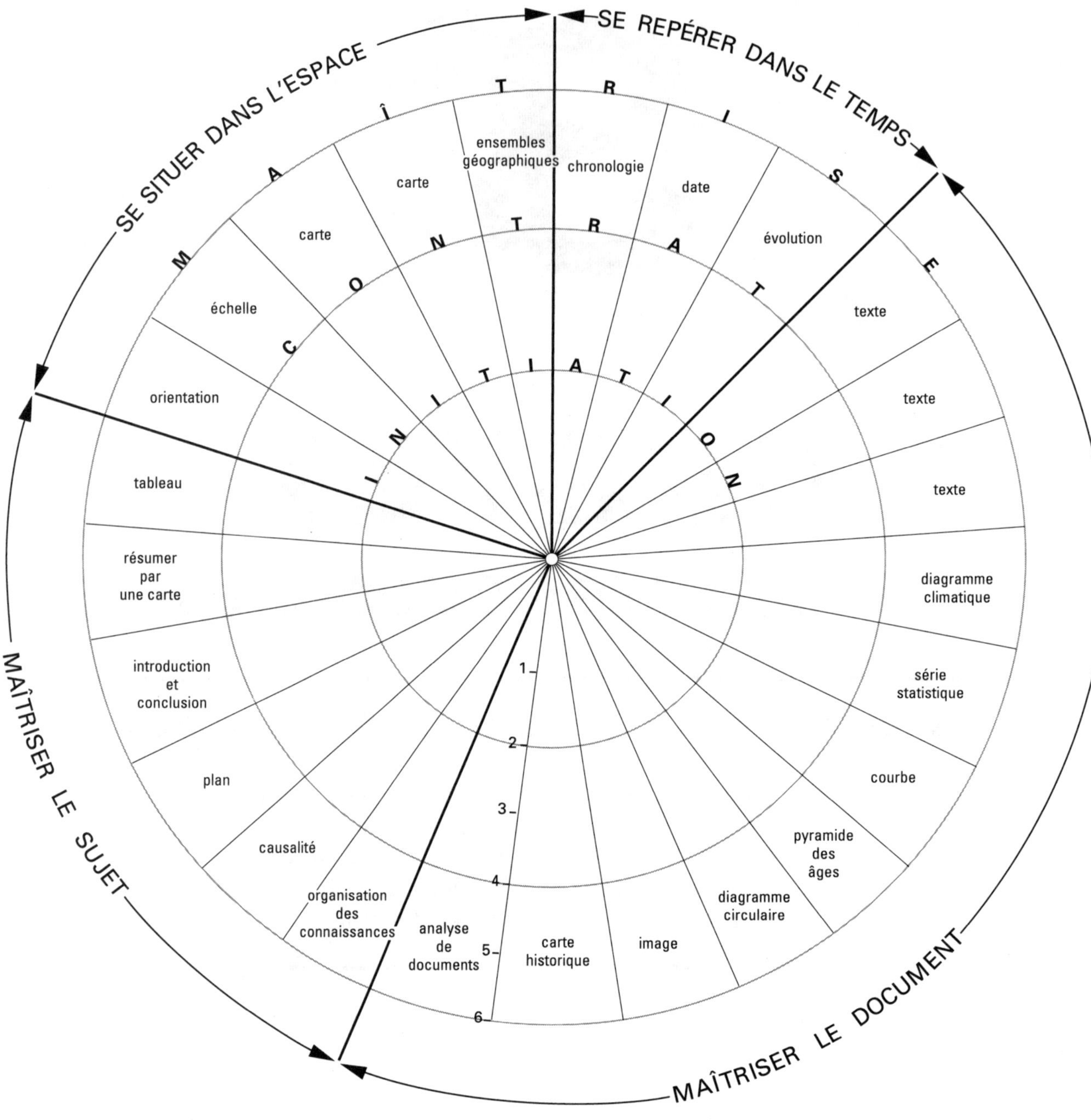

Le niveau "**initiation**" (A et B) correspond à l'acquisition élémentaire d'une capacité.
Le niveau "**contrat**" (C et D) correspond au niveau exigé en classe de Troisième.
Le niveau "**maîtrise**" (E et F) correspond à un excellent niveau.
Coloriez une case , en commençant par le centre, à chaque fois que vous avez réussi une question (A ou B, C ou D, E ou F) d'un niveau dans une capacité (2 cases par niveau).
Coloriez en vert la capacité 1, en rouge la capacité 2, en jaune la capacité 3, en bleu la capacité 4.

AUTO-ÉVALUATION

Ce que je ne comprends pas, je le demande à mon professeur.

SE SITUER DANS L'ESPACE

1. orientation
2. échelle
3. carte
4. carte
5. ensembles géographiques

SE REPÉRER DANS LE TEMPS

1. chronologie
2. date
3. évolution

MAÎTRISER LE DOCUMENT

1. texte
2. texte
3. texte
4. diagramme climatique
5. série statistique
6. courbe
7. pyramide des âges
8. diagramme circulaire
9. image
10. carte historique
11. analyse de documents

MAÎTRISER LE SUJET

1. organisation des connaissances
2. causalité
3. plan
4. introduction et conclusion
5. résumer par une carte
6. tableau

Indiquez dans ce tableau ce que vous ne comprenez pas ou la difficulté à laquelle vous vous heurtez.

CAPACITÉ **1**

SE SITUER DANS L'ESPACE

Les points cardinaux

LES POINTS CARDINAUX

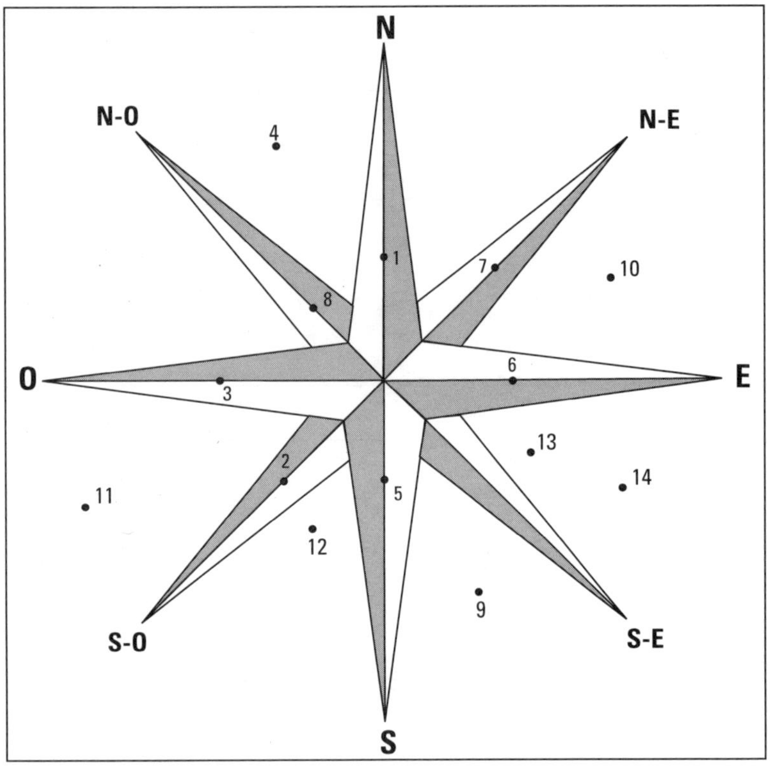

Par rapport au centre de la rose des vents :
- le point 1 est orienté nord (N) ;
- le point 2 est orienté sud-ouest (S-O) ;
- le point 3 est orienté ouest (O) ;
- le point 4 est orienté nord-nord-ouest (N-N-O).

Les coordonnées géographiques

Beijing :
latitude 40° nord, longitude 120° est.
Porto Alegre :
latitude 30° sud, longitude 51° ouest.

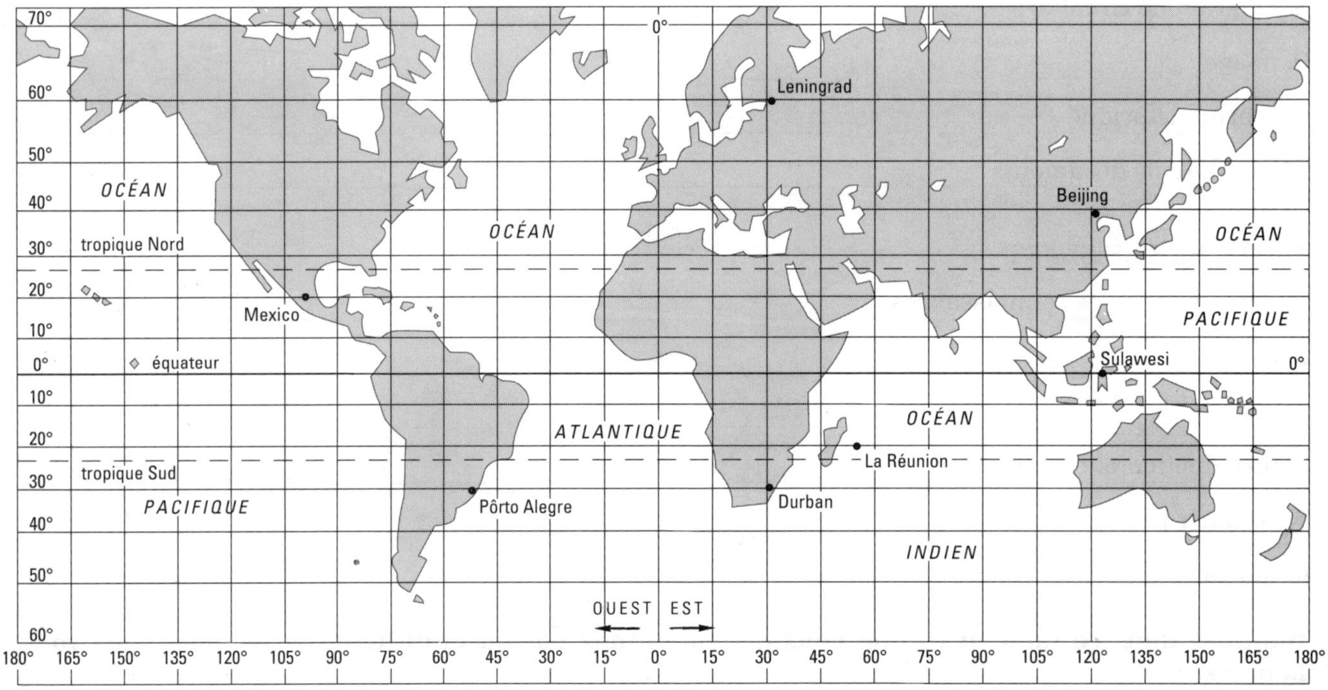

initiation

A. Indiquez l'orientation des points suivants :

5 .... 6 .... 7 .... 8 ....

B. Sur le planisphère ci-contre, relevez le nom d'une ville ou d'une île située :

1. dans l'hémisphère sud .... 2. sur l'équateur .... 3. dans l'hémisphère nord ....

contrat

C. Indiquez l'orientation des points suivants :

9 ....
10 ....
11 ....
12 ....
13 ....
14 ....

D. Indiquez les coordonnées géographiques de :

1. Leningrad — latitude ....
— longitude ....
2. La Réunion ....
....
3. Mexico ....
....

maîtrise

E. En utilisant un atlas, complétez :

1. Washington est à l' .... de Denver ;
2. Strasbourg est .... de Nice ;
3. Leningrad est .... de Moscou ;
4. Bordeaux est .... de Paris ;
5. Albi — latitude ....
— longitude ....
6. Chicago — latitude ....
— longitude ....
7. Nouméa — latitude ....
— longitude ....
8. Tachkent — latitude ....
— longitude ....
9. .... latitude 50° nord, longitude 30° est.
10. .... latitude 30° nord, longitude 96° ouest.
11. .... latitude 38° nord, longitude 90° ouest.

F. Complétez les itinéraires suivants :

1. Nous partons de Paris. A 150 km vers le .... nous gagnons la ville de Laon. A 50 km vers le sud-est nous trouvons .... distante de .... kilomètres de Troyes qui est née dans la vallée de la .... A près de 160 km vers l'ouest sud-ouest, nous atteignons .... arrosée par ....

2. Je décolle de .... (51° latitude nord, 0° longitude) dans le brouillard du matin. A midi l'avion survole .... (39° latitude nord, 33° longitude est). Nous faisons escale à .... (40° latitude nord, 49° longitude est). Le lendemain nous atterrissons à .... (34° latitude sud, 151° longitude est). De là, nous gagnerons l'île de la .... (22° latitude sud, 166° longitude est).

CAPACITÉ **1**

SE SITUER DANS L'ESPACE

Lecture des distances

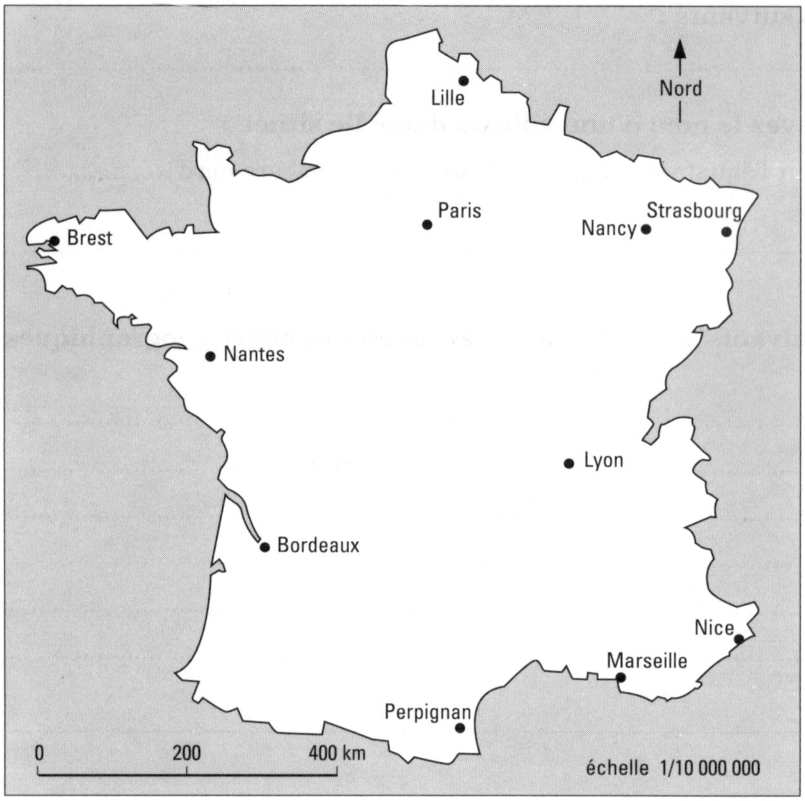

Échelle graphique

0 100 200 300 400 500 km

Échelle numérique

1 : 10 000 000

1 mm sur la carte représente 10 000 000 mm sur le terrain soit 10 km.

La distance entre Paris et Nice est sur la carte de 70 mm. La distance réelle est de

$$\frac{70 \text{ mm} \times 10\,000\,000}{1} = 700\,000\,000 \text{ mm}$$

soit 700 km.

Calcul de l'échelle

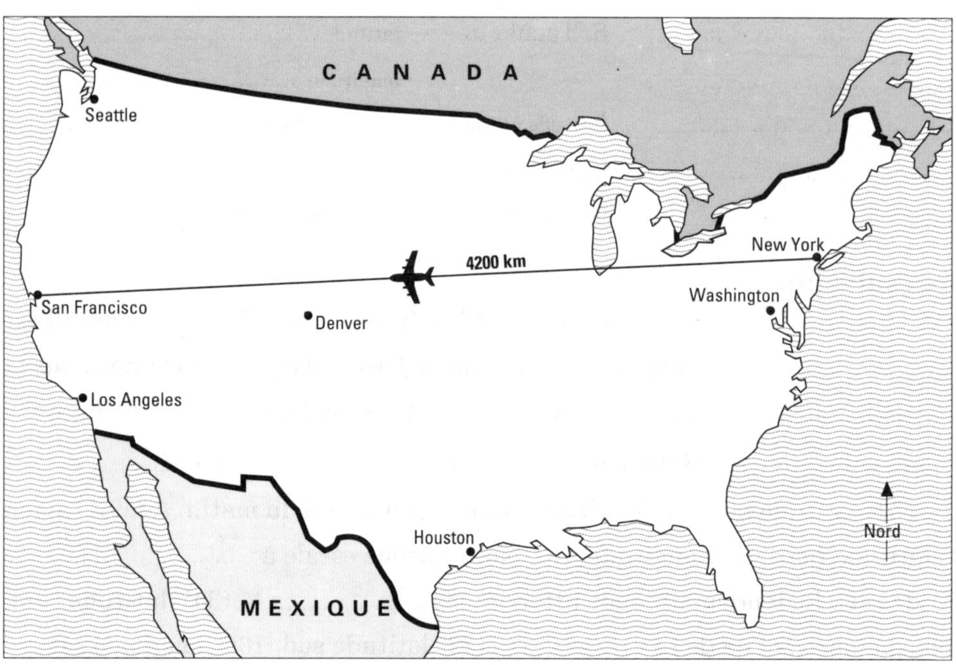

La distance réelle entre San Francisco et New York est de 4 200 km. La distance sur la carte est de 105 mm.

L'échelle est donc de :

$$\frac{105}{4\,200\,000\,000}$$

soit $\frac{1}{40\,000\,000}$

soit 1 : 40 000 000.

2. MAÎTRISER L'ÉCHELLE

initiation

A. Construisez une échelle graphique en carton pour lire la carte de Fance au 1 : 10 000 000.

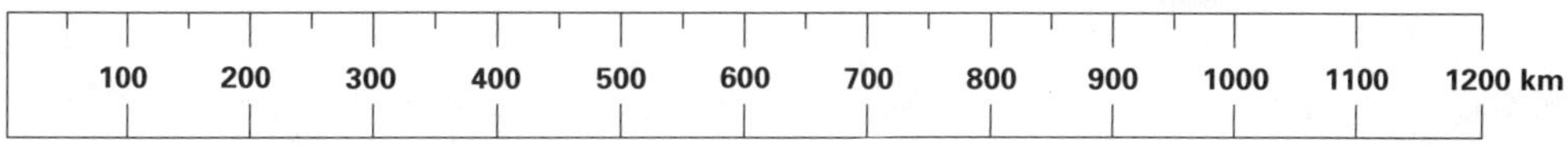

B. En utilisant l'échelle graphique ci-dessus, lire sur la carte de France au 1 : 10 000 000 ci-contre, les distances suivantes :

1. Lille-Marseille .... km ; 2. Brest-Bordeaux .... km.

contrat

C. Sur les cartes de la page ci-contre, calculez les distances entre quelques villes en utilisant l'échelle numérique.

1. Paris-Nancy .... km. 2. Brest-Nice .... km.

3. Los Angeles-Washington .... km. 4. Houston-Seattle .... km.

D. Complétez le tableau ci-dessous à droite en indiquant les distances , à vol d'oiseau, en kilomètres, entre les villes.

Lille	Lyon	Marseille	Paris	Rennes	Strasbourg	
156	99	112	113	83	170	Bordeaux
	125	187	45	98	91	Lille
		62	89	125	85	Lyon
			149	170	138	Marseille
				68	88	Paris
					154	Rennes

Lille	Lyon	Marseille	Paris	Rennes	Strasbourg	
						Bordeaux
						Lille
						Lyon
						Marseille
						Paris
						Rennes

Ces nombres correspondent aux distances en millimètres mesurées sur une carte au 1 : 4 500 000.

maîtrise

E. En utilisant un atlas, calculez les distances suivantes :

1. Moscou-Tachkent .... km. 2. Chicago-New york .... km.

F. Sur une carte au 1 : 12 500 000, les États-Unis sont plus petits que l'Union soviétique sur une carte au 1 : 50 000 000.

1. vrai ☐ faux ☐

2. Justifiez votre réponse : ....

....

....

CAPACITÉ 1

SE SITUER DANS L'ESPACE

Cartes analytiques

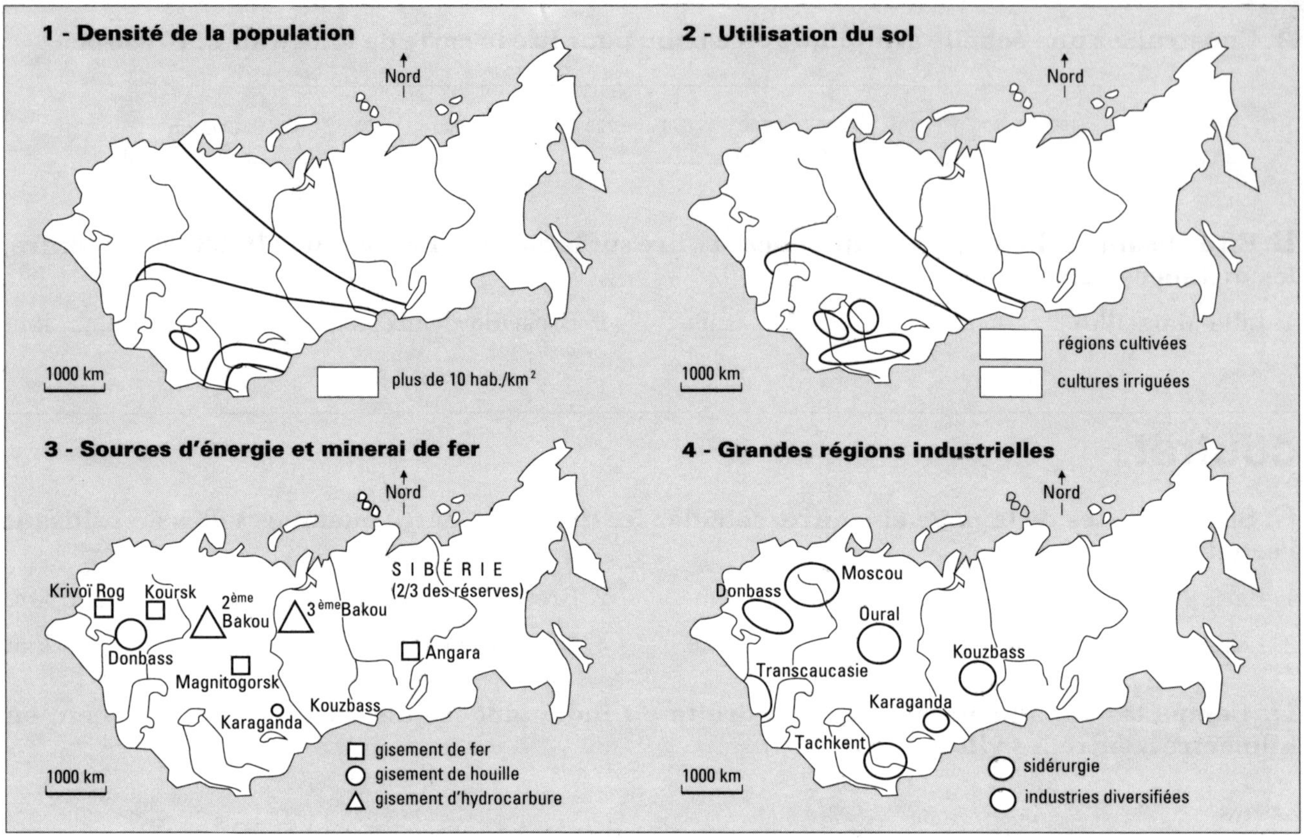

Carte de synthèse

initiation

A. Cartes 1 et 2.

1. Indiquez la ville de Moscou sur la carte 1 et coloriez en jaune les régions dont la densité est supérieure à 10 habitants au km².
2. Coloriez en vert les régions irriguées et en orangé les régions cultivées de la carte 2.

B. Cartes 3 et 4.

1. Citez 2 gisements de houille sur la carte 3 :

....

2. Coloriez les symboles des cartes 3 et 4 en respectant le code suivant : fer en orangé ; houille en noir ; hydrocarbures en violet ; sidérurgie en rouge ; industries diversifiées en vert.

contrat

C. Tracez sur les cartes 3 et 4 les limites des régions dont la densité est supérieure à 10 habitants au km².

D. Cartes 1, 2, 3 et 4.

1. Indiquez le nom des 2 gisements situés dans des régions peu peuplées :

....

2. Les grandes régions industrielles se situent uniquement dans les régions peuplées :

vrai ☐ faux ☐

3. Quels problèmes les Soviétiques doivent-ils résoudre pour exploiter les gisements et faire fonctionner les usines? ....

....

....

maîtrise

E. Cartes 1 et 2.

1. Quels éléments se superposent ? ....

....

2. Expliquez cette relation : ....

....

....

F. Construisez une carte de synthèse en complétant la carte ci-contre et la légende ci-dessous. N'oubliez pas de colorier les symboles.

1 ☐ régions cultivées dont la densité est supérieure à 10 hab./km²

2 ☐ ....

3 ☐ ....

4 ☐ ....

CAPACITÉ 1

SE SITUER DANS L'ESPACE

La population active en France par régions

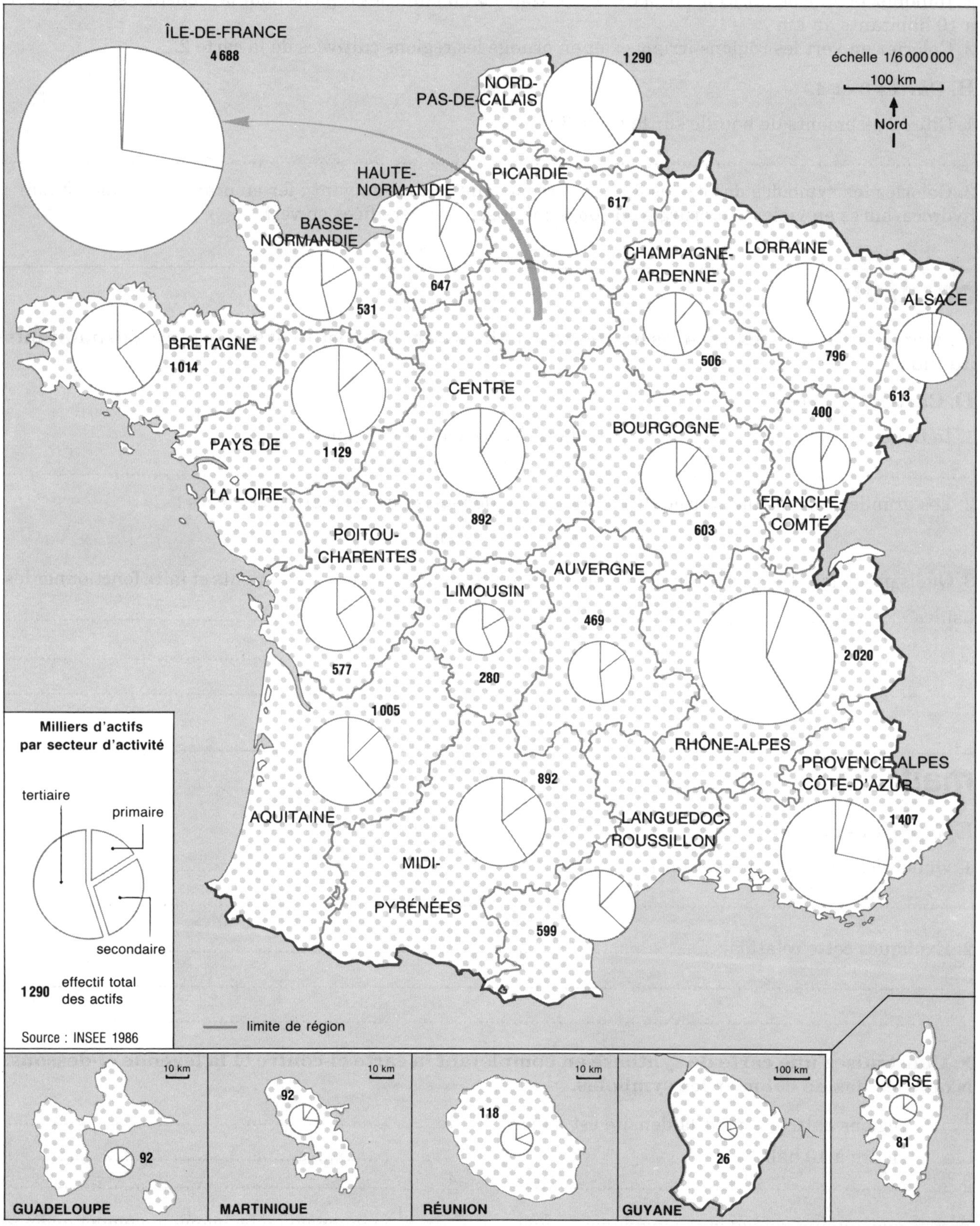

initiation

A. Sur la carte ci-contre identifiez la région où vous habitez.
Coloriez en vert le secteur primaire ; en rouge le secteur secondaire ; en bleu le secteur tertiaire.

B. Dans quelle région de France compte-on :

1. le plus d'actifs ? ....   2. le moins d'actifs ? ....

3. Combien en dénombre-t-on dans votre région ? ....

contrat

C. Classez, par ordre décroissant, les six régions qui comptent le plus grand nombre d'actifs :

1 ....   2 ....   3 ....

4 ....   5 ....   6 ....

D. Calculez le nombre d'actifs :

1. dans le secteur primaire en Lorraine où il représente 4% des actifs.

....

2. dans le secteur tertiaire , en Île-de-France, où il représente 69% des actifs.

....

maîtrise

E. Dans quelle région les agriculteurs sont-ils les plus nombreux ?

....

F. En tenant compte du pourcentage d'actifs dans chacun des secteurs, dessinez ci-dessous :

1. la carte des agriculteurs

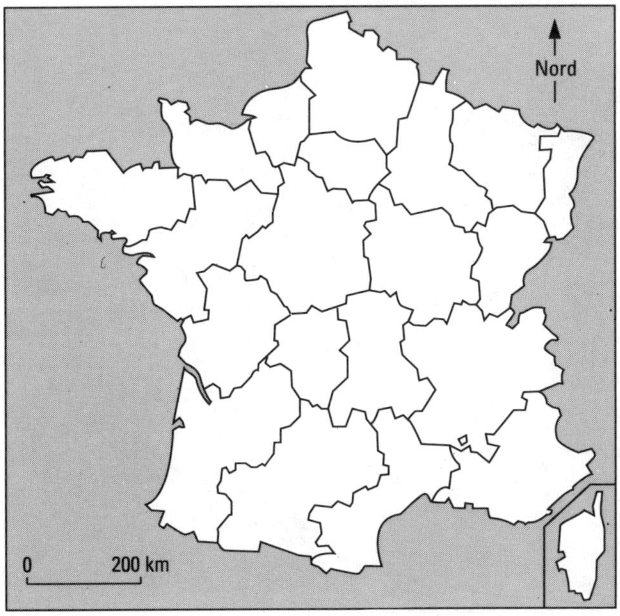

2. la carte de la France industrielle

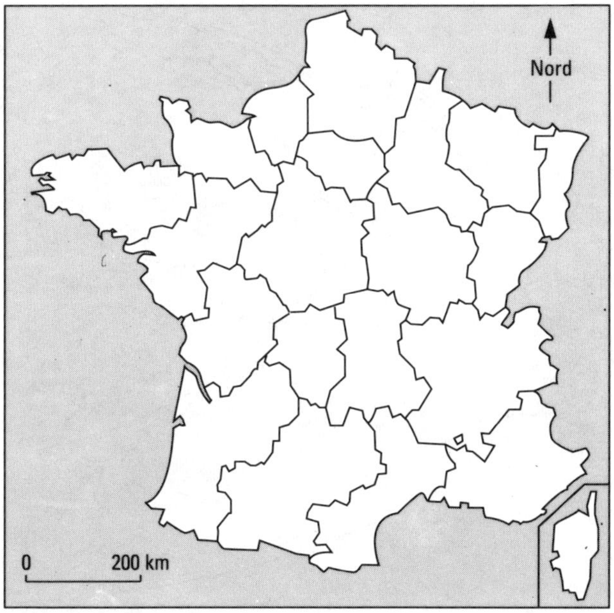

SE SITUER DANS L'ESPACE

Planisphère n° 1

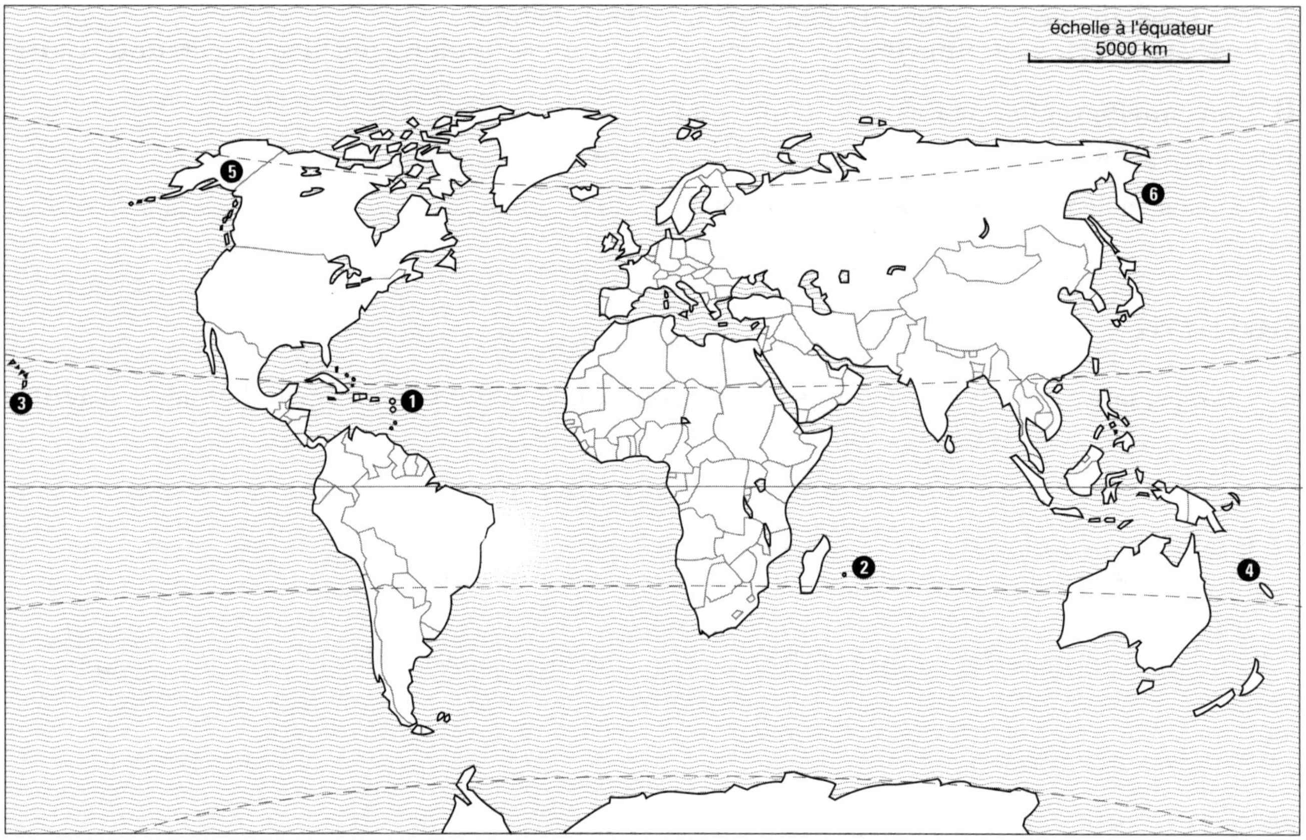

Planisphère n° 2

5. CONNAÎTRE LES ENSEMBLES GÉOGRAPHIQUES

initiation

A. Sur le planisphère n°1, coloriez la France en vert, les États-Unis en bleu, l'U.R.S.S. en rouge et indiquez leur nom sur le planisphère.

B. Sur le planisphère n°1 :

1. placez le nom des océans et des continents ;

2. indiquez l'équateur, le nom des tropiques et des cercles polaires.

contrat

C. Sur le planisphère n° 1 :

1. indiquez les noms suivants : Japon, Chine, Inde, mer Méditerranée, Mexique, Canada, Brésil, Australie, Argentine, Afrique du Sud ;

2. sur les cartes de votre manuel, localisez : l'Oural, les montagnes Rocheuses, les Alpes, l'Alaska, l'Ukraine, les Grandes plaines, la Sibérie.

D. En face de chaque numéro indiquez le nom qui correspond :

(1).. (2).. (3)..

(4).. (5).. (6)..

maîtrise

E. Sans vous aider d'un atlas décrivez les limites de l'espace soviétique. Vous commencerez par Léningrad.

1. L'U.R.S.S. est limitée à l'ouest par la Baltique, la Pologne,..

....

....

....

....

2. Classez, du nord au sud, les ensembles géographiques suivants : Polynésie française, mer Blanche, Kerguelen, Martinique, Oural, Floride, Corse, Appalaches, Groenland, Grands Lacs.

....

....

3. Sur le planisphère n°2 coloriez la zone tempérée.

F. Sur le planisphère n°2 :

1. indiquez l'équateur, l'océan Pacifique, l'océan glacial Arctique, la Guyanne, la Polynésie française, le Groënland ;

2. tracez les frontières de l'U.R.S.S. et des États-Unis sans vous aider d'un autre planisphère ;

3. coloriez l'espace occupé par ces deux États ;

4. indiquez les capitales de l'U.R.S.S. et des États-Unis.

SE REPÉRER DANS LE TEMPS

DATES	ÉVÉNEMENTS
28 juin 1914	attentat de Sarajevo
août 1914	**début de la Première Guerre mondiale**
septembre 1914	bataille de la Marne
1916	bataille de Verdun
février (mars) 1917	révolution russe
avril 1917	entrée en guerre des États-Unis
11 novembre 1918	*fin de la Première Guerre mondiale*
28 juin 1919	traité de Versailles
1921-1928	la N.E.P. en Russie
1922	marche sur Rome : Mussolini arrive au pouvoir
1928	début du premier plan quinquennal en Russie
1929	début de la collectivisation forcée des terres en Russie
octobre 1929	**crise boursière aux États-Unis**
1932	élection de Franklin Roosevelt
30 janvier 1933	Hitler arrive au pouvoir
mars 1933	début du New Deal aux États-Unis
6 février 1934	manifestation des ligues à Paris
1936-1938	procès de Moscou
juin 1936	*début du gouvernement de Front populaire ; accords de Matignon*
1936-1939	guerre civile en Espagne
1936	Axe Rome-Berlin
mars 1938	l'Anschluss
septembre 1938	Accords de Munich
août 1939	signature du pacte germano-soviétique
septembre 1939	**début de la Seconde Guerre mondiale**
mai-juin 1940	défaite française face à l'invasion allemande
18 juin 1940	*appel du Général de Gaulle*
juin 1941	l'Allemagne attaque l'U.R.S.S.
décembre 1941	attaque japonaise de Pearl Harbor; entrée en guerre des États-Unis
1942 - 1943	bataille de Stalingrad
novembre 1942	débarquement allié en Afrique du Nord, occupation de la zone libre.
6 juin 1944	débarquement allié en Normandie

DATES	ÉVÉNEMENTS
février 1945	conférence de Yalta
8 mai 1945	capitulation de l'Allemagne
août/sept. 1945	bombes atomiques sur le Japon et capitulation du Japon
1946	début de la IVe République
1946 - 1954	guerre d'Indochine
1947	- les ministres communistes quittent le gouvernement - plan Marshall
1948	création de l'État d'Israël
1949	- création de l'O.T.A.N. - création de la R.F.A. et de la R.D.A.
octobre 1949	victoire des communistes en Chine
1950-1953	guerre de Corée
1953	mort de Staline
1954	défaite française de Diên Biên Phu
1954-1962	*guerre d'Algérie*
1955	- pacte de Varsovie - conférence de Bandoung
1957	signature du traité de Rome : création de la C.E.E.
1er octobre 1957	lancement du premier satellite artificiel (Spoutnik) par les Russes
mai 1958	émeutes à Alger, fin de la IVe République, de Gaulle au pouvoir.
septembre 1958	**constitution de la Ve République**
1962	crise des fusées à Cuba
1963	assassinat de Kennedy
1962-1973	guerre du Viêt-nam
mai 1968	*- révolte étudiante à Paris, - grèves ouvrières*
1969	démission de de Gaulle
1973	premier choc pétrolier
1975	conférence d'Helsinki
1979-1980	deuxième choc pétrolier
1980	élection de Reagan à la présidence des États-Unis
1981	élection de Mitterrand à la présidence de la République
1985	Gorbatchev premier secrétaire du parti communiste d'U.R.S.S.
1988	élection de George Bush à la présidence des États-Unis

initiation

A. Sur les axes du temps :

1. portez sur l'axe ci-dessous les dates et les événements imprimés en caractères gras sur la page ci-contre ;

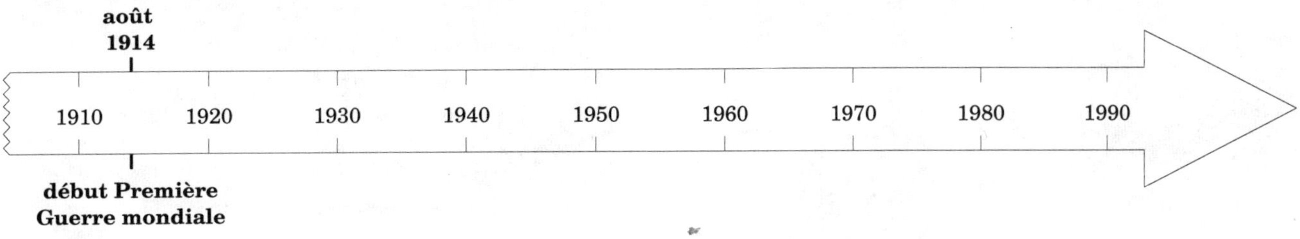

2. placez sur l'axe ci-dessous quelques événements importants de l'histoire de France imprimés en caractères italiques sur la page ci-contre.

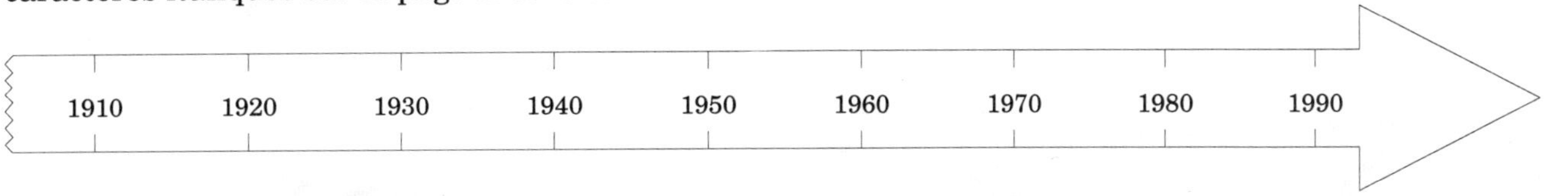

B. Repérage chronologique.

1. Qui est président de la République française en mai 1968 ? ....

2. Précisez les dates (années) de la Seconde Guerre mondiale ....

3. Sur l'axe du temps ci-dessus, coloriez en rouge la période pendant laquelle Hitler est au pouvoir.

contrat

C. Précisez en quelques mots ce qu'est :

1. la N.E.P ....

2. l'Anschluss ....

3. l'O.T.A.N ....

D. Ils auraient pu se rencontrer lorsqu'ils étaient chefs d'État ou de gouvernement :

	vrai	faux		vrai	faux
1. Mussolini et Franklin Roosevelt	☐	☐	2. Mitterrand et Staline	☐	☐
3. Hitler et Mao Zedong	☐	☐	4. Reagan et de Gaulle	☐	☐

maîtrise

E. Sous quel régime la guerre d'Algérie :

1. commence-t-elle ?

....

2. s'achève-t-elle ?

....

3. qui était alors chef d'État en France ?

....

F. Repérage chronologique.

1. Quelle bataille met fin à la guerre d'Indochine ?

....

2. Quel autre conflit débute à cette même date ?

....

3. Quel conflit avait cessé un an plus tôt ?

....

CAPACITÉ 2 SE REPÉRER DANS LE TEMPS

① ....

② ....

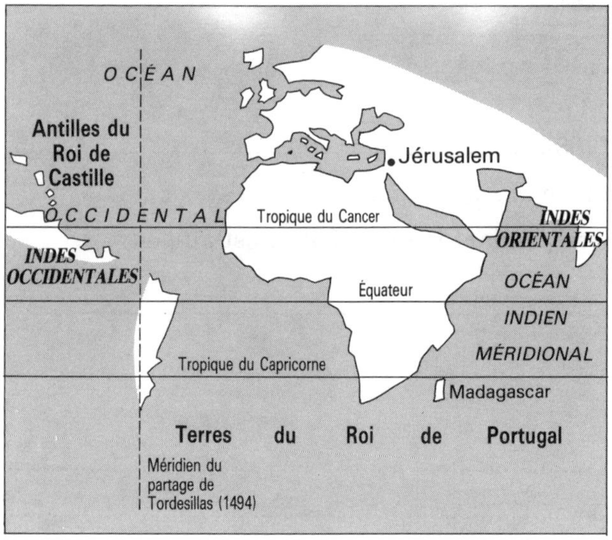

③ ....

④ ....

⑤ ....

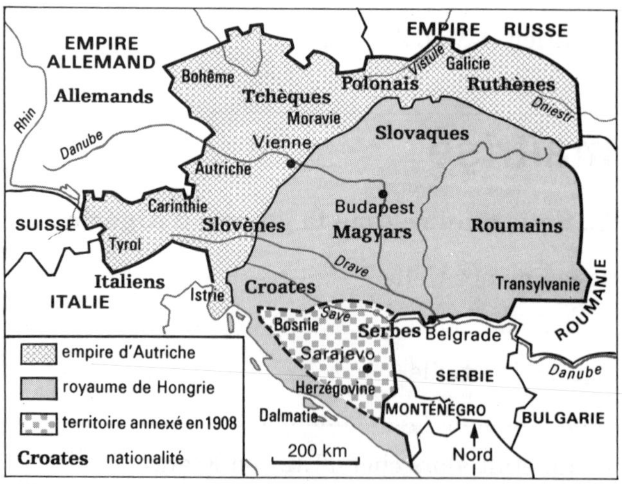

⑥ ....

2. DATER LES ÉVÉNEMENTS

CAPACITÉ **2**

initiation

A. Quels documents de la page ci-contre se rapportent à votre programme de Troisième ?

……………………………………………………………………………………

B. Nommez les quatre grandes périodes historiques délimitées sur l'axe ci-dessous :

1. ……………………………………………………………………………………

2. donnez un titre à chacun des documents de la page ci-contre (exemple : château des princes-évêques de Trèves au XVIIIe s. pour le document 2). Localisez-les par leur numéro sur l'axe ci-dessous :

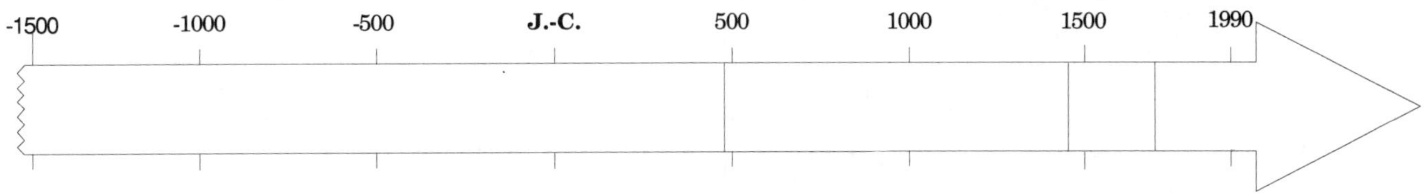

contrat

C. Jules Ferry - Hitler - Lénine - Mao Zedong - Kennedy - Clémenceau. Lequel de ces six personnages n'a pas vécu au même siècle que les autres?

1. ……………………………………

2. Sur l'axe de la question B.2., quel événement français sépare la troisième période de la quatrième?

……………………………………………………………………………………

D. collectivisation forcée des terres en Russie ; décolonisation de l'Afrique noire ; unité allemande et italienne ; indépendance de l'Inde ; invention du cinéma parlant ; début de la construction des automobiles à la chaîne ; la Ve République en France .

1. Lequel de ces faits n'appartient pas au XXe siècle? ……………………………………

2. Lesquels se situent avant la Seconde Guerre mondiale? ……………………………………

3. Lesquels se sont déroulés après? ……………………………………

maîtrise

E. Considérez les périodes suivantes : 1914-1919 ; 1920-1939 ; 1940-1944 ; 1945-1959 ; après 1960.
Les personnages suivants ont-ils joué un rôle de premier plan dans une, deux ou trois de ces périodes ? Répondez 1, 2 ou 3.

1. Fr. Roosevelt	☐	2. Joffre	☐	3. Hitler	☐	4. de Gaulle	☐
5. Brejnev	☐	6. Nasser	☐	7. Pétain	☐	8. Kennedy	☐
9. Mao Zedong	☐	10. Staline	☐	11. Mitterrand	☐	12. Lénine	☐

F. Identifiez l'événement et datez-le.
Cet événement dramatique concerne un président des États-Unis. Il est postérieur à la crise des fusées de Cuba. A cette date Kroutchev dirigeait l'U.R.S.S.

Date : ………………… Événement : ……………………………………

SE REPÉRER DANS LE TEMPS

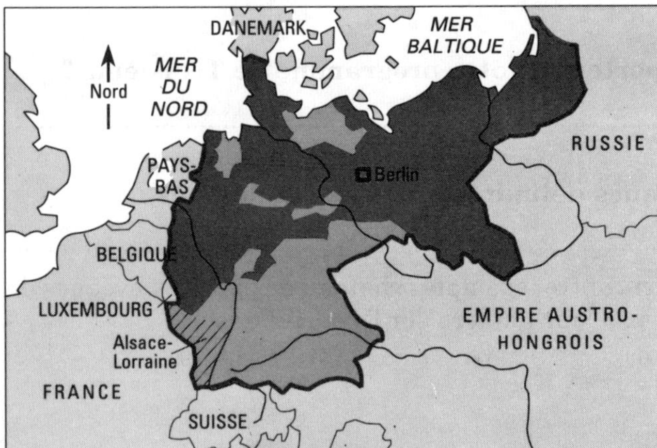

1 - L'Allemagne en 1914

- royaume de Prusse
- l'Allemagne en 1914
- annexion en 1871
- capitale

500 km

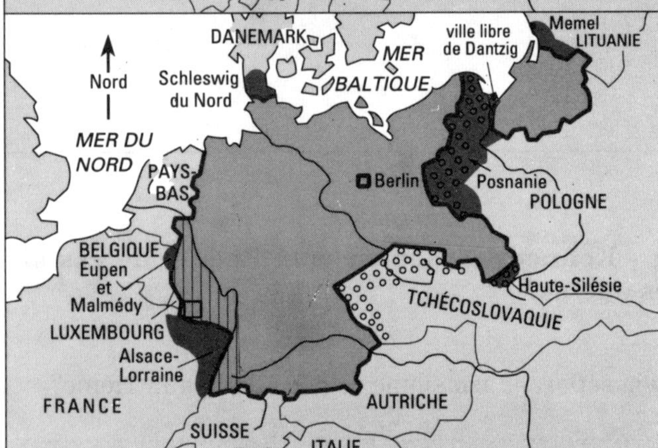

2 - L'Allemagne en 1923

- territoires perdus
- minorités allemandes
- Allemagne en 1923
- zone démilitarisée
- Sarre : sous contrôle de la Société des Nations
- capitale

500 km

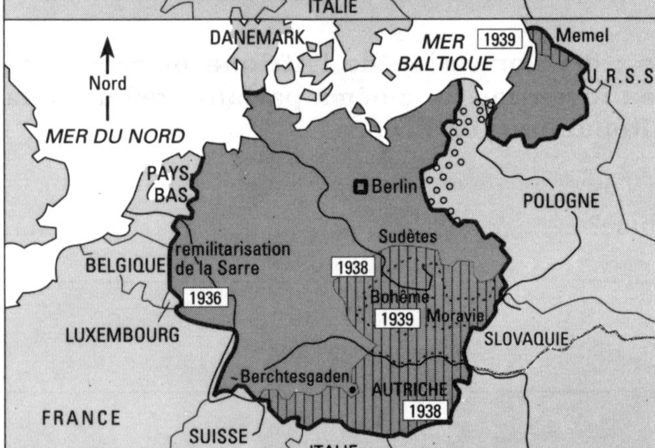

3 - L'Allemagne en 1939

- annexions en 1938-1939
- minorités allemandes
- capitale

500 km

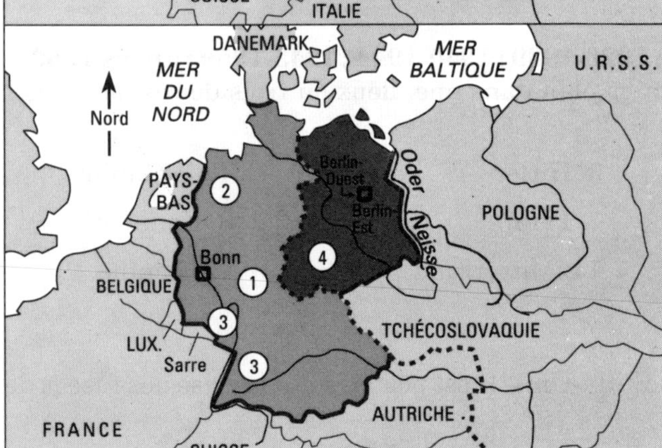

4 - L'Allemagne en 1949

- République fédérale d'Allemagne
- République démocratique allemande
- «rideau de fer»
- capitale

zones d'occupation

1. américaine
2. anglaise
3. française
4. soviétique

500 km

initiation

A. Nommez les capitales successives de l'Allemagne :

1. 1914 .... 1923 .... 1939 .... 1949 ....

2. A quelle date l'Allemagne a-t-elle le territoire le plus étendu ? ....

B. Que signifie R.F.A. ? ....

R.D.A. ? ....

contrat

C. Complétez les tableaux suivants :

1. Après la Première Guerre mondiale

Territoires perdus par l'Allemagne :	et acquis par :
L'Alsace-Lorraine	la France

2. En 1938 - 1939

Territoires annexés par l'Allemagne :	aux dépens de :

D. Expliquez :

1. la disposition des quatre zones d'occupation militaire de l'Allemagne en 1949 : ....

....

....

2. l'expression « le rideau de fer » ? ....

....

maîtrise

E. Avec quels pays limitrophes les frontières de l'Allemagne sont-elles restées inchangées de 1914 à 1949 ?

....

F. Pendant la période 1914 à 1949 :

1. quand l'Alsace a-t-elle été allemande ? ....

2. pourquoi existe-t-il deux Allemagnes en 1949 ? ....

....

3. que sont devenus en 1949 les territoires orientaux de l'ancien Reich ? ....

....

MAÎTRISER LE DOCUMENT

LE PLAN HITLÉRIEN DE QUATRE ANS (1936-1939)

L'Europe n'a en face du bolchevisme que deux États solides : l'Allemagne et l'Italie. Les autres pays sont soit décomposés par la démocratie, infectés par le marxisme et proches de l'effondrement, soit aux mains de régimes autoritaires, dont la seule force est la puissance militaire... Je suis convaincu que la crise avec le bolchevisme ne tardera pas et que l'Allemagne a le devoir de défendre son existence par tous les moyens. Une victoire du bolchevisme aboutirait à la destruction définitive du peuple allemand. L'étendue d'une telle catastrophe ne peut pas être envisagée... Si nous ne réussissons pas dans les délais les plus brefs à instruire notre nouvelle armée, à en établir les formations, l'armement, à la développer pour en faire la première armée du monde, l'Allemagne sera perdue...

Nous sommes surpeuplés et ne pouvons plus nous nourrir sur notre propre base. La solution définitive se trouve dans l'agrandissement de notre espace vital, de nos ressources en denrées alimentaires et matières premières.

Mémoire secret d'Hitler sur le plan de quatre ans dans **CHAULANGES**, *Textes historiques 1914-1945*, Delagrave éditeur, 1970.

Quelques conseils pour analyser un texte

Un auteur écrit toujours un texte à l'intention d'un public plus ou moins important.L'auteur peut être simplement témoin des événements qu'il rapporte ou de la situation qu'il décrit ; parfois il est lui-même acteur. Pour présenter ses idées, il utilise un vocabulaire approprié : il donne une valeur et un sens bien précis aux mots qu'il emploie, valeur et sens qui peuvent être différents chez un autre auteur.

Lors d'une analyse vous avez :

1. A définir la nature du document : texte de loi, traité diplomatique, discours, mémoires et souvenirs, rapport administratif, enquête de police, article de presse ; on peut ainsi déduire à quel public il est destiné : diffusion confidentielle ou très large.

2. A présenter l'auteur du document : s'il est connu, on cite sa fonction au moment où il écrit, et on évoque son passé en quelques lignes.

3. A préciser la date du document, parfois connue avec précision mais qui parfois, doit être déduite du contenu du texte lui-même.

4. A indiquer le lieu où le texte a été rédigé.

initiation

A. Indiquez :

1. l'année où ce texte a été écrit : .... 2. le nom de son auteur : ....

3. le pays dans lequel il a été écrit : ....

B. Le document :

1. quelle est sa nature ? .... 2. est-il destiné à une diffusion publique ? ....

contrat

C. L'auteur du texte :

1. quelle fonction occupe-t-il au moment où il écrit le texte ? ....

2. quel est son projet ? ....

D. Au moment où le texte a été écrit :

1. quels sont les régimes politiques de l'Allemagne .... et de l'Italie ? ....

2. nommez les dirigeants de ces deux pays. ....

3. citez un pays gouverné par les Bolcheviks .... et son dirigeant ....

4. citez un pays "décomposé par la démocratie" ....

5. citez un pays "dirigé par les militaires" ....

6. pourquoi l'auteur parle-t-il de "nouvelle armée" ? ....

maîtrise

E. Définissez :

1. "espace vital" : ....

....

2. "bolchevisme" : ....

....

3. "démocratie" : ....

....

4. "marxisme" : ....

....

F. Indiquez :

1. quels sont les arguments qu'Hitler développe pour présenter son projet ?

....

....

....

2. sont-ils fondés ? .... 3. pourquoi ? ....

....

DISCOURS RADIODIFFUSÉ DU GÉNÉRAL DE GAULLE LE 18 JUIN 1940

Les chefs qui, depuis de nombreuses années, sont à la tête des armées françaises, ont formé un gouvernement.

Ce gouvernement, alléguant la défaite de nos armées, s'est mis en rapport avec l'ennemi pour cesser le combat.

Certes, nous avons été, nous sommes submergés par la force mécanique, terrestre et aérienne de l'ennemi.

Infiniment plus que leur nombre, ce sont les chars, les avions, la tactique des Allemands qui nous font reculer. Ce sont les chars, les avions, la tactique des Allemands qui ont surpris nos chefs au point de les amener là où ils en sont aujourd'hui.

Mais le dernier mot est-il dit ? L'espérance doit-elle disparaître ? La défaite est-elle définitive ? Non !

Croyez–moi, moi qui vous parle en connaissance de cause et vous dis que rien n'est perdu pour la France. Les mêmes moyens qui nous ont vaincus peuvent faire venir un jour la victoire.

Car la France n'est pas seule ! Elle n'est pas seule ! Elle n'est pas seule ! Elle a un vaste empire derrière elle. Elle peut faire bloc avec l'empire britannique qui tient la mer et continue la lutte. Elle peut, comme l'Angleterre, utiliser sans limites l'immense industrie des États–Unis.

Cette guerre n'est pas limitée au territoire malheureux de notre pays. Cette guerre n'est pas tranchée par la bataille de France. Cette guerre est une guerre mondiale. Toutes les fautes, tous les retards, toutes les souffrances n'empêchent pas qu'il y a, dans l'univers, tous les moyens nécessaires pour écraser un jour nos ennemis. Foudroyés aujourd'hui par la force mécanique, nous pourrons vaincre dans l'avenir par une force mécanique supérieure. Le destin du monde est là.

Moi, Général de Gaulle, actuellement à Londres, j'invite les officiers et les soldats qui se trouvent en territoire britannique ou qui viendraient à s'y trouver, avec leurs armes ou sans leurs armes, j'invite les ingénieurs et les ouvriers spécialistes des industries d'armement qui se trouvent en territoire britannique ou qui viendraient à s'y trouver à se mettre en rapport avec moi.

Quoi qu'il arrive, la flamme de la Résistance française ne doit pas s'éteindre et ne s'éteindra pas.

GÉNÉRAL DE GAULLE, *Discours et messages*, Berger–Levrault, Paris, 1946.

initiation

A. Le discours radiodiffusé

1. Qui est l'auteur du texte ? ....

2. Par quel moyen le discours a-t-il été diffusé ? ....

3. Dans quel pays l'auteur se trouvait-il lorsqu'il l'a rédigé ? ....

4. A quelle date l'a-t-il rédigé ? ....

B. Indiquez :

1. à quelle date le discours a-t-il été édité ? ....

2. où a-t-il été édité ? .... 3. quel est le nom de l'éditeur ? ....

contrat

C. Indiquez :

1. quelle est la situation militaire de la France le 18 juin 1940 ? ....

....

....

2. qui dirige alors le pays ? ....

3. à qui ce discours s'adresse-t-il ? ....

D. L'auteur pense continuer la guerre :

1. avec qui ? ....

2. avec quel soutien ? ....

3. la troisième phrase est expliquée par deux autres phrases, lesquelles ? ....

....

....

maîtrise

E. L'auteur :

1. représente-t-il le gouvernement légal de son pays ? ....

2. comment pourrait-on qualifier son acte ? ....

3. l'avenir lui a-t-il donné raison ou tort ? .... Justifiez votre réponse : ....

....

....

F. Relevez les procédés ou les figures de style que l'auteur utilise dans son discours :

- Phrases courtes et répétitions (5e § et 7e §)

- idées reprises pls fois

....

CONFÉRENCE DE PRESSE DE MONSIEUR YASSER ARAFAT A GENÈVE LE 14-12-1988

Le président du comité exécutif de l'Organisation de libération de la Palestine (O.L.P.), M. Yasser Arafat, a reconnu, mercredi à Genève, le droit d'Israël « d'exister en sécurité et en paix », dans une conférence de presse...
« Dans mon discours d'hier (devant l'Assemblée générale de l'O.N.U.), il était clair que nous parlions du droit de notre peuple à la liberté et l'indépendance conformément à la résolution 181 du Conseil de sécurité de l'O.N.U. et le droit de toutes les parties d'exister en paix et en sécurité, y compris l'État de Palestine, Israël et leurs voisins » a dit M. Arafat dans une déclaration préliminaire en Anglais qu'il a lue devant les journalistes.
« Je répète que nous renonçons totalement et absolument à toutes les formes de terrorisme, y compris le terrorisme individuel, d'État ou de groupe » a ajouté M. Arafat.
« Je vous demande de citer clairement ce que je vais dire » a-t-il dit aux journalistes. « Nous voulons la paix, nous voulons la paix, nous sommes désireux de paix. Nous voulons vivre dans notre État palestinien et laisser les autres vivre » a-t-il ajouté.
Il avait auparavant affirmé : « Notre désir de paix est une stratégie et non pas une tactique. Nous sommes déterminés à la paix quoi qu'il arrive. Notre État assure le salut au peuple palestinien et la paix à la fois aux Palestiniens et aux Israéliens.
L'autodétermination signifie la survie pour les Palestiniens. Notre survie ne se fait pas aux dépens des Israéliens comme l'affirment leurs dirigeants ».

Extraits du communiqué de l'Agence France Presse du 14–12–1988.

initiation

A. Le document :

1. où a-t-il été rédigé ? .... 2. quand ? ....

3. quelle est la nature exacte du texte ? ....

4. est-il destiné à une diffusion publique ou privée ? ....

B. Indiquez :

1. le nom de l'agence de presse qui a diffusé ce texte : ....

2. le nom de la personne qui a écrit ce texte : ....

3. le nom et la fonction du conférencier : ....

contrat

C. Indiquez :

1. le nom des États limitrophes de la Palestine (vous vous aiderez d'un atlas pour localiser la Palestine) :

....

2. la date de la proclamation de l'État d'Israël : ....

3. les circonstances de sa fondation : ....

....

D. Définissez :

1. l'O.N.U : ....

2. le Conseil de sécurité de l'O.N.U : ....

maîtrise

E. Expliquez :

1. pourquoi l'auteur insiste beaucoup sur le mot « paix » ? ....

....

2. citez des guerres qui ont touché le Moyen–Orient : ....

....

3. Expliquez ce qu'est le terrorisme : ....

....

F. Le but de la conférence de presse.

1. Quel est l'objectif de Yasser Arafat ? ....

....

2. Présentez ses arguments : ....

....

3. Pourquoi s'est-il adressé à la presse de Genève ? ....

....

MAÎTRISER LE DOCUMENT

Rostov - (U.R.S.S.) - 47° 15' nord Altitude 77 m

Observations	J	F	M	A	M	J	Jt	A	S	O	N	D	Année
Températures en°C	-5,3	-4,9	-0,1	9,4	16,8	20,9	23,5	22,3	16,4	9,0	2,4	-2,7	9,0
Précipitations en mm	38	41	32	39	36	58	49	36	32	44	40	37	483

Le diagramme climatique

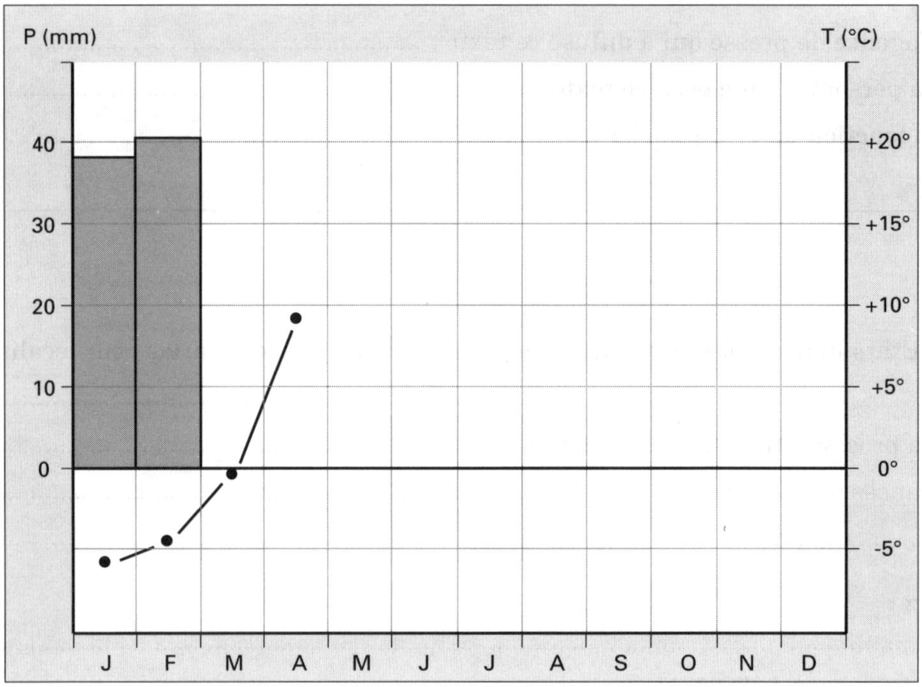

Une autre technique de graphique : le climogramme

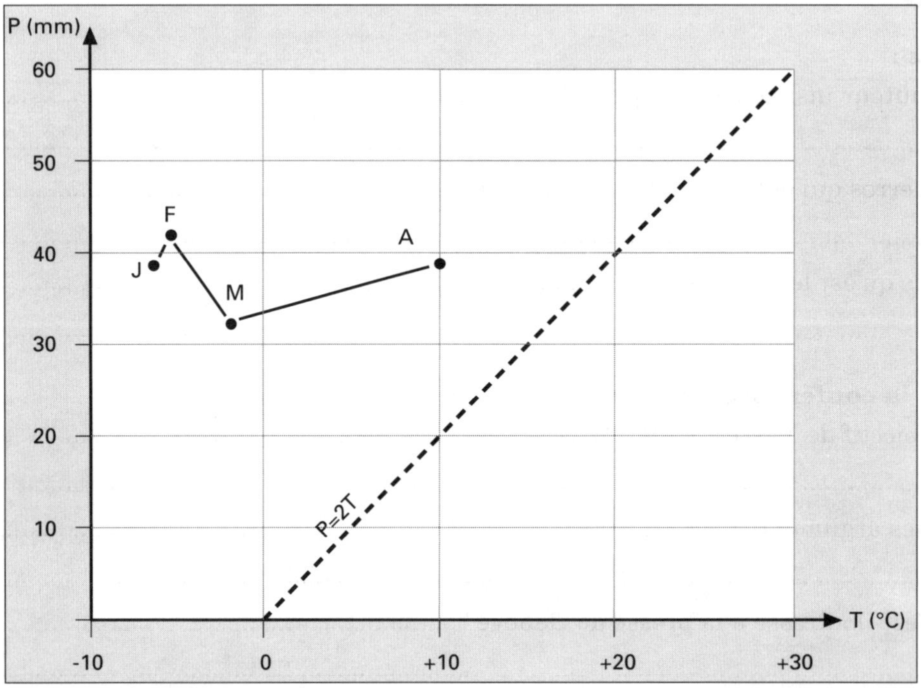

initiation

A. Le climat de Rostov.

1. Situez Rostov sur une carte.

2. Quelle est la température de juillet ? ....

3. Quelle est la température de janvier ? ....

4. Quel est le mois le plus arrosé ? ....

5. Quels sont les mois les moins arrosés ? ....

B. Le diagramme climatique.

1. Achevez-en la construction.

2. Coloriez en bleu les précipitations.

3. Coloriez en rouge la saison sèche.

contrat

C. Calculez l'amplitude thermique annuelle à Rostov : ....

D. Décrivez les saisons à Rostov :

1. l'été ....

....

....

2. l'hiver ....

....

....

maîtrise

E. Le climogramme.

1. Achevez-en la construction.

2. Coloriez la saison sèche.

3. Caractérisez les mois qui se situent à droite de la ligne P=2T. ....

....

F. En quoi ce climat est-il de :

1. type méditerranéen ? ....

....

....

2. type continental ? ....

....

....

3. expliquez cette double influence climatique. ....

....

....

CAPACITÉ 3

MAÎTRISER LE DOCUMENT

La production industrielle aux États-Unis (indice 100 en 1923)

1919	1920	1921	1922	1923	1924	1925	1926	1927	1928	1929	1930	1931	1932	1933	1934
83	87	67	85	100	95	104	108	106	111	118	105	81	64	96	104

Prix agricoles et non agricoles aux États-Unis
(indice 100 en 1926)

Années	Prix agricoles	Prix non agricoles	Ensemble des prix
1929	104,9	93,3	95,3
1930	88,3	85,9	86,4
1931	64,8	74,6	73,0
1932	48,2	68,3	64,8
1933	51,4	69,0	65,9
1934	65,3	76,9	74,9
1935	78,8	80,2	80,0
1936	80,9	80,7	80,8
1937	86,4	86,2	86,3
1938	68,4	80,6	78,6

Main-d'œuvre et chômage aux États-Unis

Années	Main-d'œuvre (en millions)	Chômeurs (en millions)
1929	47,8	1,5
1930	48,4	4,2
1931	49,0	7,9
1932	49,6	11,9
1933	50,1	12,6
1934	50,8	10,9
1935	51,4	10,2
1936	51,9	8,6
1937	52,5	7,3
1938	53,1	9,9

Chômage et production industrielle

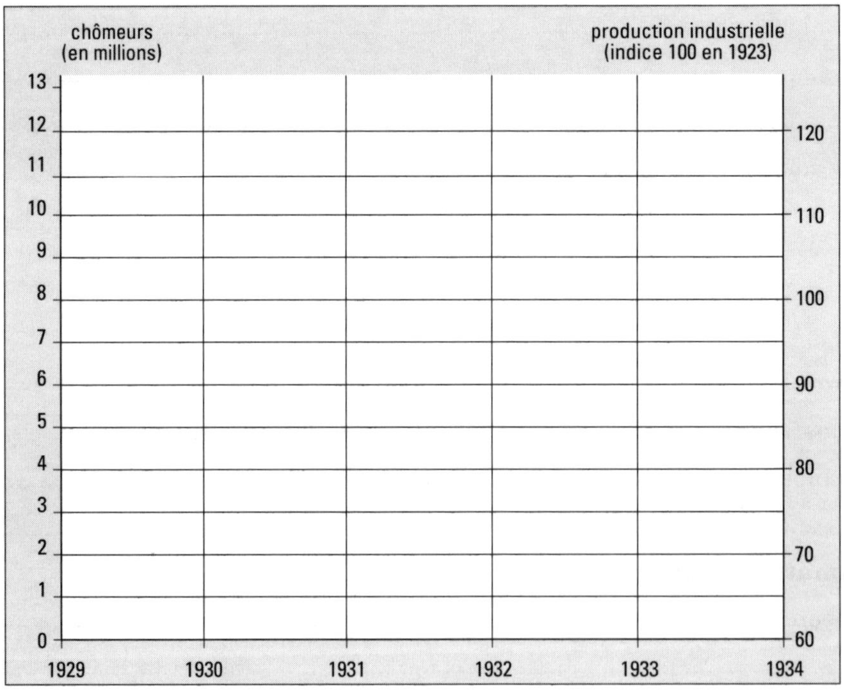

Quelques conseils pour analyser des statistiques

Attention aux unités utilisées.
1. Les nombres.
Les chômeurs, par exemple,sont parfois comptabilisés en milliers ou en millions.
2. Les pourcentages.
Entraînez-vous à calculer des pourcentages à partir de nombres absolus et des nombres absolus à partir de pourcentages.
3. Les indices.
Un indice est un nombre permettant de mesurer une évolution. En général, on choisit une date de départ à laquelle on affecte l'indice 100.

initiation

A. Examinez le tableau de la main-d'œuvre et du chômage.

1. A quelle date le nombre de chômeurs est-il : le plus élevé ? .... 2. le plus bas ? ....

3. Construisez la courbe du chômage et de la production industrielle sur le graphique ci-contre.

B. Examinez le tableau des prix agricoles et des prix non agricoles de 1929 à 1938.

1. A quelle date les prix agricoles sont-ils : au plus bas ? .... 2. au plus haut ? ....

3. Quels sont les prix qui ont le plus chuté ? ....

contrat

C. En mettant en relations les deux séries statistiques, chômage et production industrielle :

1. expliquez la situation en 1929 : ....

....

2. expliquez la situation en 1932 : ....

....

D. Commentez l'évolution du chômage :

1. de 1929 à 1933 : ....

de 1934 à 1937 : ....

2. comment appelle-t-on en économie la période qui va de 1929 à 1932 ? ....

....

3. caractérisez cette période à l'aide des données statistiques des tableaux ci-contre : ....

....

....

maîtrise

E. Calculez le pourcentage de chômeurs par rapport à la main-d'œuvre totale en :

1929 .... 1930 ....

1931 .... 1932 ....

1933 .... 1934 ....

1935 .... 1936 ....

1937 .... 1938 ....

F. La situation de l'emploi.

1. Quand est-elle la plus dramatique ? ....

2. Expliquez-la : ....

....

....

MAÎTRISER LE DOCUMENT

1. Évolution du taux de natalité et de mortalité, en France, de 1880 à 1987.

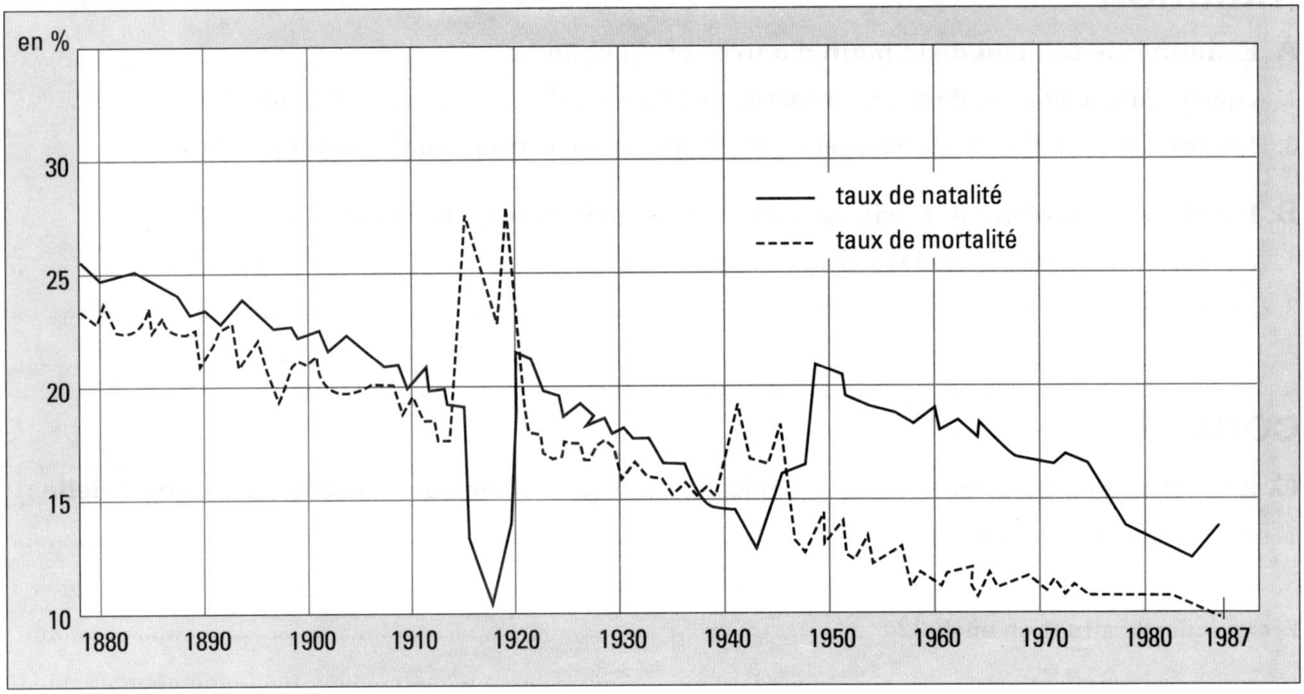

Quelques conseils pour lire et analyser une courbe

1. Faites attention à l'unité utilisée : nombres absolus (unité, milliers, millions, milliards) ; indices (bien repérer l'indice 100) ; pourcentages.

2. Observez si, dans sa construction, le graphique débute au 0 ou à une autre graduation comme ci-dessus à 10‰.

3. Comment la tendance générale se présente-t-elle : augmentation, stagnation ou baisse ?

4. Identifiez les écarts brusques que l'on appelle aussi les ruptures.

2. Évolution du bilan naturel

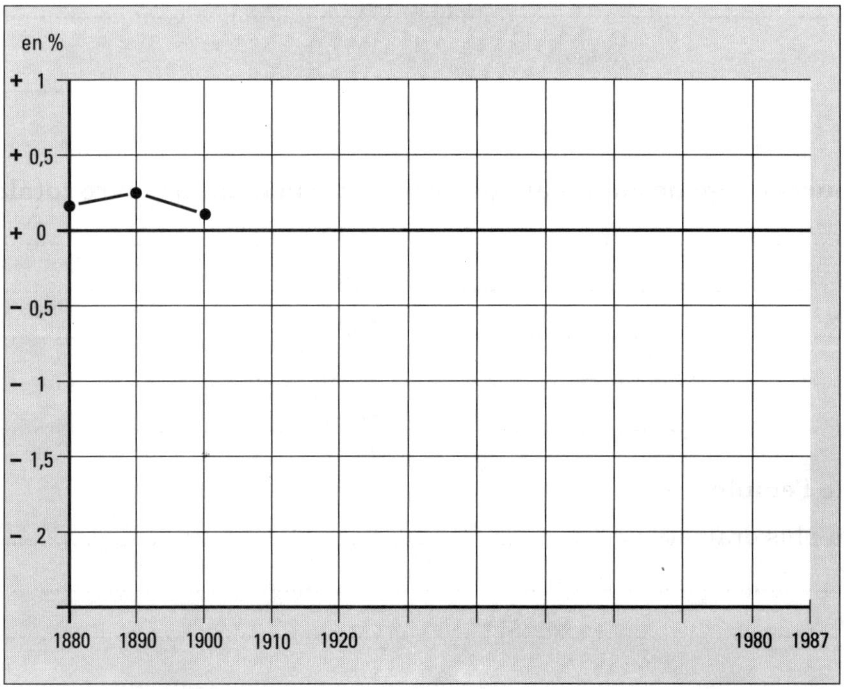

initiation

A. L'évolution démographique.

1. Définissez le taux de natalité : ....

....

2. Quel était le taux de natalité en 1880 ? ....en 1950 ? ....en 1987 ? ....

3. Comment a-t-il évolué de manière générale ? ....

4. Définissez le bilan naturel : ....

....

5. Quel était le bilan naturel : en 1880 ? .... en 1916 ? .... en 1987 ? ....

6. A quelle période l'accroissement naturel fut-il le plus important ? ....

B. Examinez le graphique n°1.

1. Quelle est l'allure générale des deux courbes ? ....

2. Notez les principales ruptures dans cette évolution : ....

....

contrat

C. Le bilan naturel.

1. Coloriez en rouge les périodes pendant lesquelles le bilan naturel est positif et en vert les périodes pendant lesquelles le bilan naturel est négatif.

2. Pourquoi le bilan naturel était-il négatif pendant la période 1915-1919 ? ....

....

3. Expliquez l'évolution démographique de 1945 à nos jours : ....

....

....

D. Sachant qu'en 1987 la France comptait 55 500 000 habitants et que son taux de natalité était de 13,8‰, calculez le nombre des naissances enregistrées cette année-là ....

maîtrise

E. Une classe creuse.

1. Qu'est-ce qu'une classe creuse ? ....

2. Identifiez une période de classe creuse sur la courbe : ....

F. Calculez le bilan naturel :

1. en 1880 ....en 1890 ....en 1900 ....en 1910 ....en 1920 ....en 1930 ....

   en 1940 ....en 1950 ....en 1960 ....en 1970 ....en 1980 ....en 1987 ....

2. Tracez, à partir de ces données, une courbe représentant cette évolution sur le graphique n°2.

3. Analysez-la : ....

CAPACITÉ **3**

MAÎTRISER LE DOCUMENT

Quelques conseils pour étudier une pyramide des âges

La pyramide des âges est un diagramme représentant la composition de la population d'un pays, classée par âge et par sexe (hommes à gauche, femmes à droite) à une date donnée.

Entraînez-vous à lire en même temps l'âge, la date de naissance et le sexe des différentes classes d'âge.

L'étude des irrégularités de la pyramide permet de retracer l'histoire de la population du pays représenté. On remarque par exemple sur la pyramide des âges de la France en 1921 :

- en (1), un déficit du côté des hommes âgés de plus de 21 ans. Toute une partie de la population a disparu : il s'agit des morts de la guerre 1914-1918.
- en (2), un déficit masculin et féminin pour les classes d'âge de 2 à 7 ans : il s'agit du manque de naissances dû à la guerre (phénomène de "classes creuses").
- en (3), l'importance des deux dernières classes d'âge montre la reprise de la natalité.

Pyramide des âges, au 1er janvier 1921, en France.

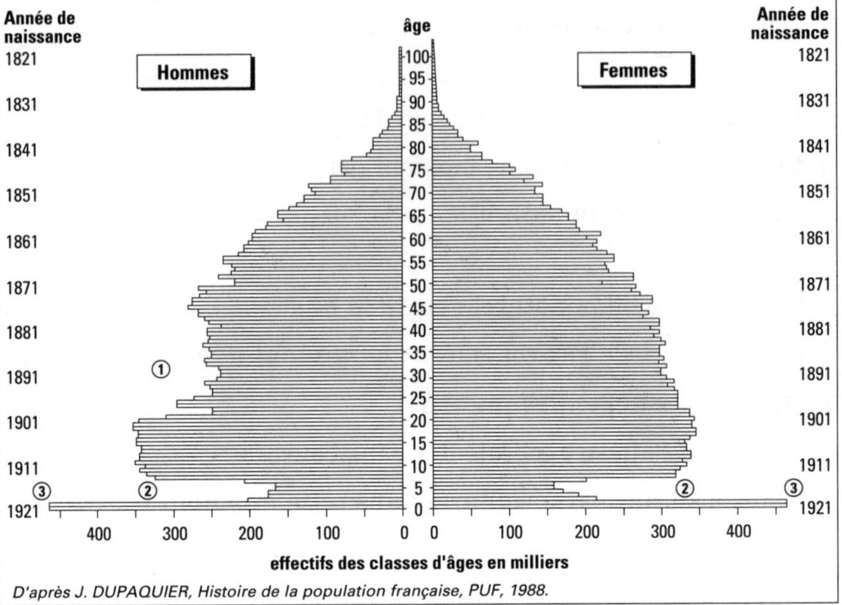

D'après J. DUPAQUIER, Histoire de la population française, PUF, 1988.

Pyramide des âges, au 1er janvier 1988, en France.

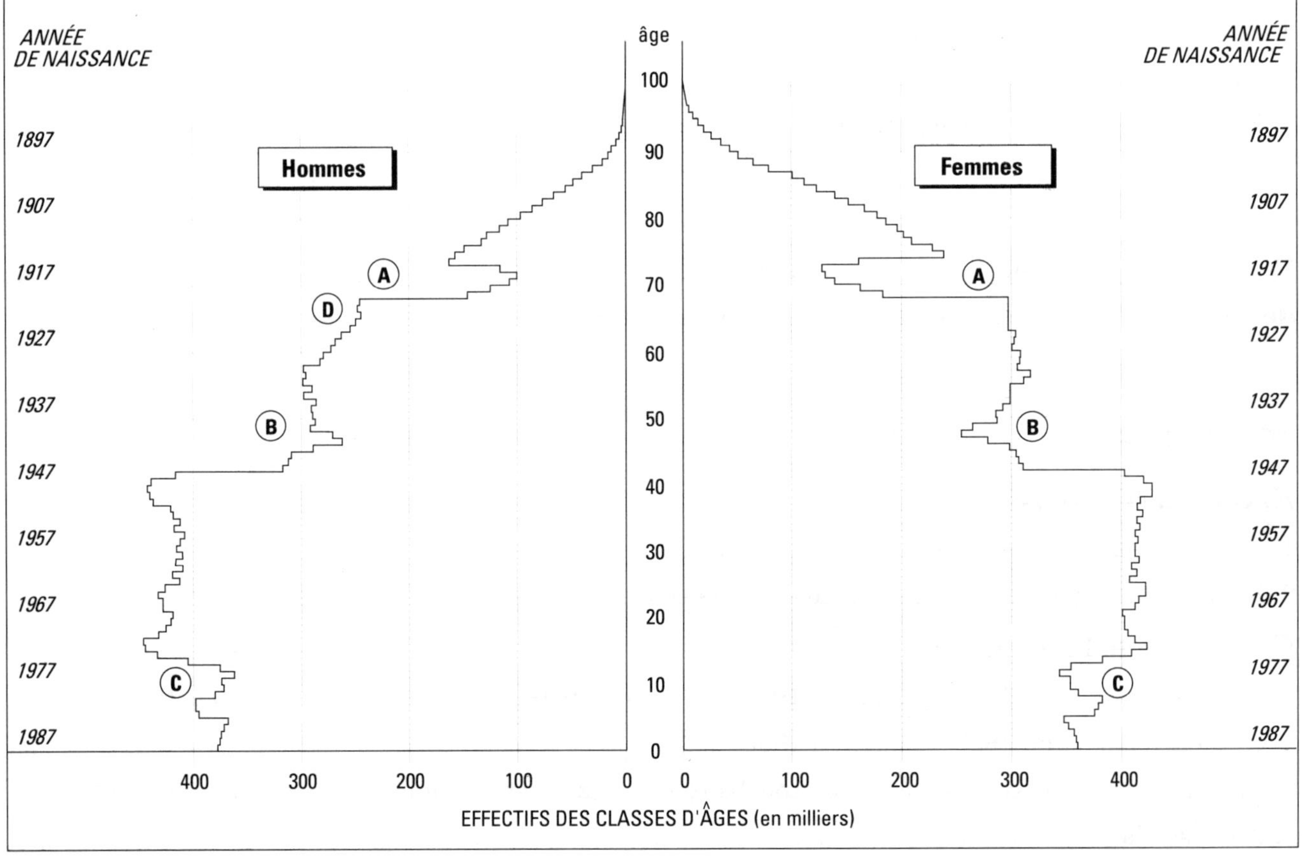

7. ÉTUDIER UNE PYRAMIDE DES ÂGES

initiation

A. La pyramide des âges au 1er janvier 1988.

1. Coloriez votre classe d'âge.
2. Au 1er janvier 1988, quel était le nombre approximatif :

de garçons de 15 ans ? .... de filles de 18 ans ? .... de Français âgés de 20 ans ? ....

3. La pyramide au 1er janvier 1988 est : une pyramide en triangle ? oui ☐ non ☐
   une pyramide en toupie ? oui ☐ non ☐

B. Le Général de Gaulle naquit en 1890 et mourut en 1970.

1. Peut-on le placer dans la pyramide : de 1921 ? oui ☐ non ☐ 2. de 1988 ? oui ☐ non ☐
3. Pourquoi ? ....

contrat

C. Expliquez :

1. à quoi correspond le creux marqué (A) sur la pyramide des âges de 1988 : ....

....

....

2. ce qui se passe entre 1945 et 1972 : ....

....

....

3. quel nom donne-t-on à ce phénomène ? ....

D. Observez le sommet de la pyramide et comparez les hommes et les femmes. Que remarquez-vous ? Utilisez dans votre réponse l'expression « espérance de vie ».

....

....

maîtrise

E. Sur la pyramide des âges au 1er janvier 1988, expliquez les creux (B), (C) et (D) :

(B) ....

(C) ....

(D) ....

F. Si la tendance actuelle ne se renverse pas :

1. quel problème majeur se posera en 2040 ? ....

....

2. quel sera alors l'aspect de la pyramide ? ....

....

CAPACITÉ 3 MAÎTRISER LE DOCUMENT

Le commerce extérieur de la France

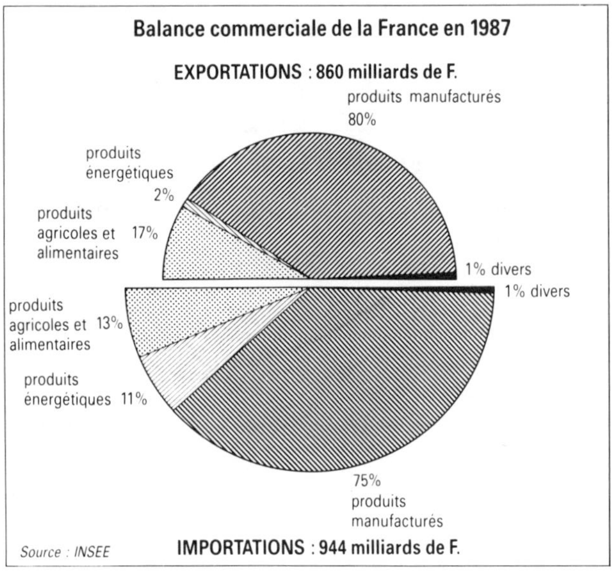

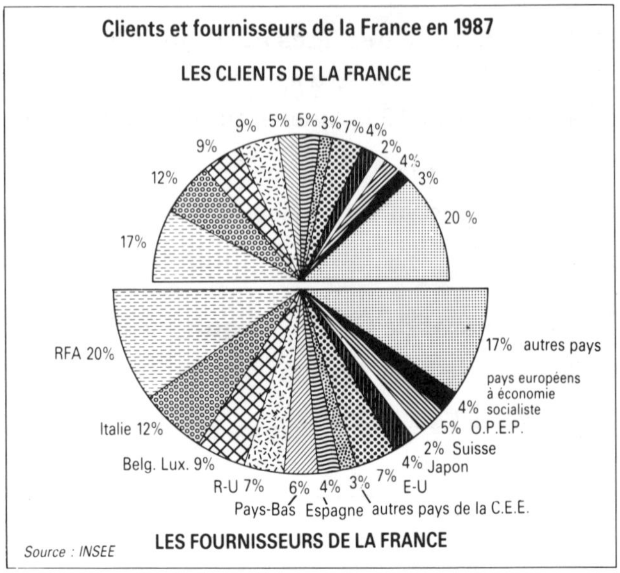

Le commerce extérieur des États-Unis

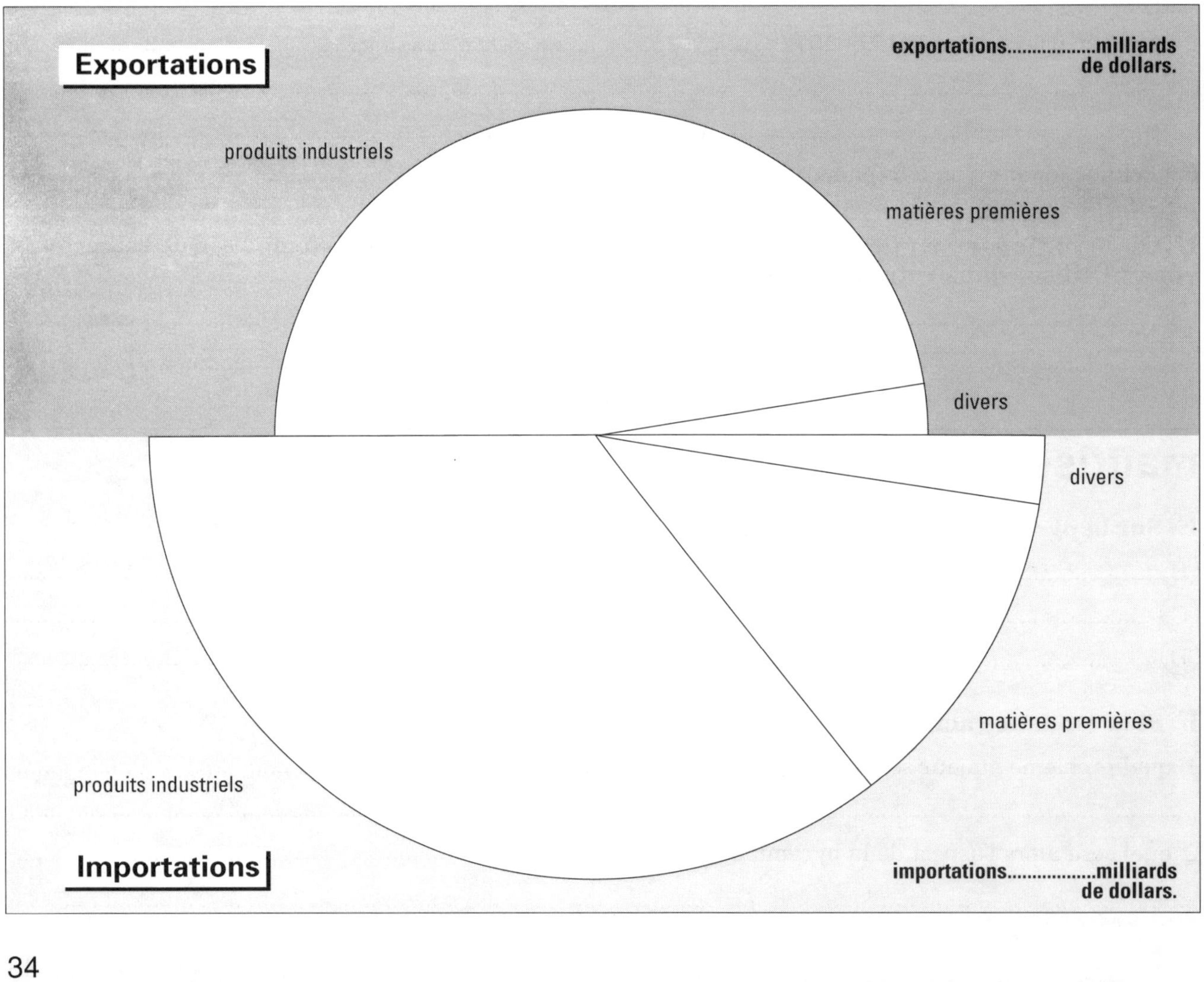

initiation

A. Définissez :

1. importation : ....

2. exportation : ....

B. Après avoir examiné les diagrammes ci-contre, dites quelle est la valeur pour la France :

1. des importations de produits fabriqués ? ....

2. des exportations de produits fabriqués ? ....

contrat

C. La balance commerciale.

1. Définissez la balance commerciale : ....

....

2. Citez deux pays pour lesquels la balance commerciale française est déficitaire :

....

D. Les partenaires commerciaux de la France.

1. Citez notre premier client : ....

2. Citez notre premier fournisseur : ....

3. Citez deux pays pour lesquels la balance commerciale de la France est excédentaire :

....

maîtrise

E. Importations, exportations.

1. Quel type de produits la France importe-t-elle beaucoup plus qu'elle n'exporte ? ....

....

2. Quel type de produits la France exporte-t-elle plus qu'elle n'importe ? ....

....

F. Achevez le graphique circulaire de la page ci-contre en utilisant les données suivantes sur le commerce des Etats-Unis en 1986.

	importations	exportations
Produits alimentaires	6%	10%
Matières premières	3%	9%
Combustibles minéraux	11%	4%
Produits chimiques	4%	11%
Produits industriels	71%	61%
Divers	5%	5%
Total en %	100	100
En valeur (en miliards de dollars)	387	206

D'après *Les chiffres du monde*, Encyclopedia Universalis, 1988.

Tintin en Extrême-Orient (*Le Lotus bleu*), Hergé, 1934.

initiation

A. La bande dessinée.

1. Indiquez le nom de son auteur. .... 2. En quelle année fut-elle réalisée ? ....

3. Où se passe l'action ? ....

B. Son contenu.

1. Quel fait historique de l'entre-deux-guerres est ici présenté ? ....

....

2. Qu'y a-t-il d'exagéré dans ce que dit le crieur de journaux ? (3e bande, 4e vignette) ....

....

contrat

C. Expliquez comment :

1. Radio Tokyo donne de l'importance à la destruction de la voie ferrée : ....

....

2. le Japon utilise cet incident : ....

....

D. Les médias.

1. Dans quelles parties du monde vivent les quatre personnages qui écoutent la radio ? ....

....

2. Quels sont les médias présentés dans cette page ? ....

3. Où se trouve le personnage qui parle à l'avant-dernière vignette ? ....

maîtrise

E. A l'aide des vignettes de cette page, expliquez le sens des mots :

1. propagande ....

....

2. nationalisme ....

....

3. impérialisme ....

....

F. Le document historique.

1. Citez d'autres pays qui, à la même époque, utilisent la propagande : ....

2. Montrez que cette bande dessinée peut être considérée comme un document historique. ....

....

....

MAÎTRISER LE DOCUMENT

L'Europe allemande en 1942

initiation

A. Indiquez le titre et la date de la carte.

1. titre .... date ....

Cette carte renseigne :

2. sur des transformations politiques : oui ☐ non ☐

3. sur des faits économiques : oui ☐ non ☐

4. sur la guerre : oui ☐ non ☐

B. Citez :

1. quatre pays alliés de l'Allemagne en 1942 : ....

2. trois pays qui ne sont pas en guerre en 1942 : ....

3. deux pays en guerre contre l'Allemagne et ses alliés en 1942 : ....

contrat

C. Coloriez :

1. en rouge l'Allemagne ;

2. en orange l'autre pays de l'Axe. Que signifie cette expression ? ....

3. en violet les régions occupées par les forces de l'Axe.

D. Expliquez les expressions :

1. le « mur de l'Atlantique » ....

....

2. la « France de Vichy » ....

....

maîtrise

E. Les modifications territoriales.

1. Citez deux pays existant en 1939 et ayant disparu en 1942. ....

2. Que sont-ils devenus ? ....

3. Quelles sont les raisons des annexions italiennes ? ....

....

....

F. L'Europe allemande.

1. En quoi la situation de la France de Vichy est-elle différente de celle de la Norvège, du Danemark, de la Croatie ou de la Grèce ?

....

....

2. Citez un moyen d'exploitation économique de l'Europe occupée qui n'est pas représenté sur la carte.

....

CAPACITÉ **3**

MAÎTRISER LE DOCUMENT

Document 1 : Production et importation de céréales en U.R.S.S.

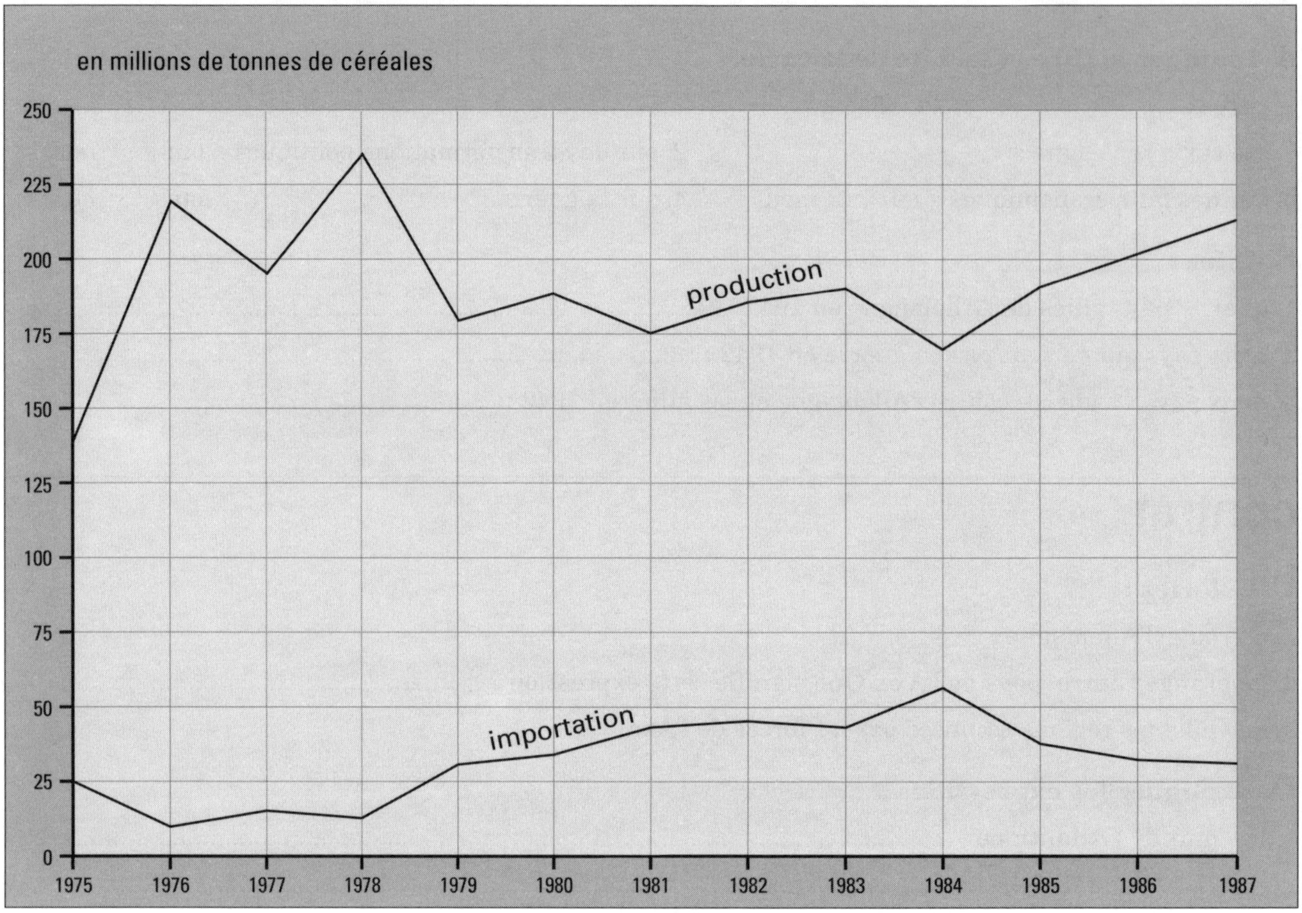

Document 2 : La récolte de céréales de 1987

Dans l'agriculture, la production céréalière globale a dépassé 210 millions de tonnes grâce à un effort pour améliorer les rendements par cultures intensives sur 31 millions d'hectares, mais ces résultats sont quand même inférieurs au plan (230 millions de tonnes) et surtout, à la fin des moissons, des pluies torrentielles ont obligé à récolter à la main et nui à la conservation (en particulier pour le blé).

D'après *Images Économiques du Monde*, 1988.

Document 3 : L'agriculture, une activité peu considérée

Les agriculteurs sont âgés : la moyenne d'âge des actifs est de 48 ans dans l'agriculture et seulement de 30 ans dans l'industrie (...) Ces paysans âgés, parmi lesquels les femmes sont très nombreuses, restent souvent attachés à la propriété et à la religion, c'est-à-dire à une idéologie en opposition complète avec l'idéologie officielle ; ils manquent également de connaissances : 80% de la main-d'œuvre agricole actuelle n'a reçu aucune formation spécialisée. On comprend, dans ces conditions, que le rendement moyen de blé soit encore inférieur à 20 q/ha en 1983, ce qui veut dire qu'il ne dépasse guère 12 q/ha dans bien des kolkhozes.

GAUTHIER-REYNAUD, *Genèse et économie de l'U.R.S.S*, Bréal, 1987.

Document 4 : Rendements en blé à l'hectare en 1986

Pays	Production en quintaux à l'hectare
U.R.S.S.	19
États-Unis	31
Canada	23
France	54

D'après *Atlaseco*, 1988.

initiation

A. Citez trois céréales : ....

B. Pour l'année 1987 indiquez, pour l'U.R.S.S :

1. la production de céréales ....
2. les importations de céréales ....
3. les prévisions de production du plan ....

contrat

C. Production et importations de céréales en U.R.S.S. depuis 1975.

1. Comment évolue la production ? ....

....

2. Comment évoluent les importations ? ....

....

D. Quelles sont, d'après les documents, les causes des difficultés de l'agriculture soviétique ?

....

....

....

maîtrise

E. Superficie ensemencée en céréales.

1. Calculez la superficie ensemencée en céréales en U.R.S.S. en 1986.

.... : .... = ...

2. Sur quelle proportion de superficie a-t-on intensifié les cultures en 1987 ? ....

F. Rédigez un paragraphe précis sur la situation de l'agriculture soviétique en utilisant les informations contenues dans les quatre documents.

....

....

....

....

....

....

....

....

....

....

....

CAPACITÉ **4**

MAÎTRISER LE SUJET

SUJET : L'agriculture aux États-Unis : l'espace et les régions agricoles ; le complexe agro-industriel.

1	2	3
Usine de tracteurs	Exploitation agricole	Construction de barrages
4	**5**	**6**
Recherche en agriculture	Latitudes moyennes	Chaîne de distribution
7	**8**	**9**
Sidérurgie	Lopin familial	Importation de pétrole
10	**11**	**12**
Irrigation	Agriculture péri-urbaine	Usine de conditionnement
13	**14**	**15**
L'agriculture française première d'Europe	Légumes	Les Rocheuses : un château d'eau
16	**17**	**18**
Sécheresse à l'ouest du 100e méridien	Usine d'engrais	Belt
19	**20**	**21**
Ranching	Richesses minérales	Lait
22	**23**	**24**
Banque	Kolkhoze	Feed-lots

initiation

A. Parmi les 24 propositions de la page ci-contre, éliminez celles qui :

1. n'appartiennent pas à l'espace à étudier : ....

2. n'appartiennent pas au thème à étudier : ....

B. Recherchez 2 propositions que l'on peut associer à l'idée d'irrigation (10).

....

contrat

C. Dans les deux tableaux suivants, entourez les numéros qui indiquent les éléments appartenant à chacune des deux parties du sujet.

1. Espaces et régions agricoles

1	2	3	4	5	6	7	8	9	10	11	12
13	14	15	16	17	18	19	20	21	22	23	24

2. Le complexe agro-industriel

1	2	3	4	5	6	7	8	9	10	11	12
13	14	15	16	17	18	19	20	21	22	23	24

D. Complétez le schéma fléché (organigramme) suivant :

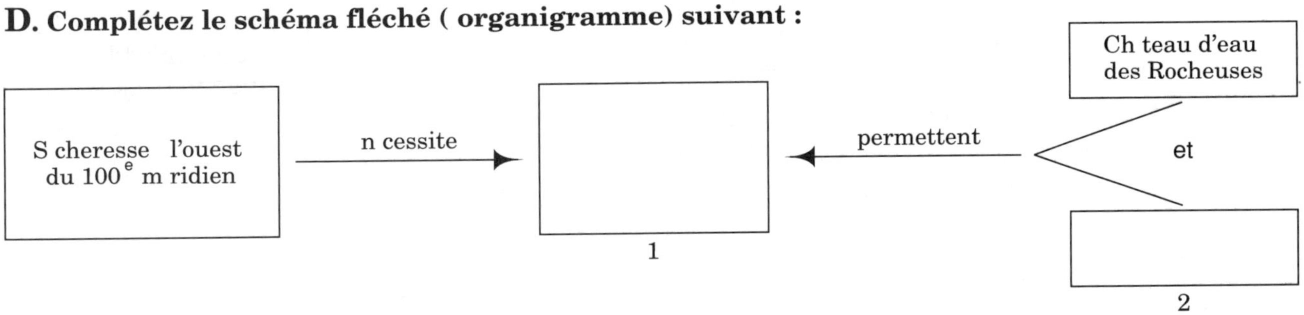

maîtrise

E. Avec les éléments 1, 6, 12, 17, 22, complétez le schéma fléché suivant :

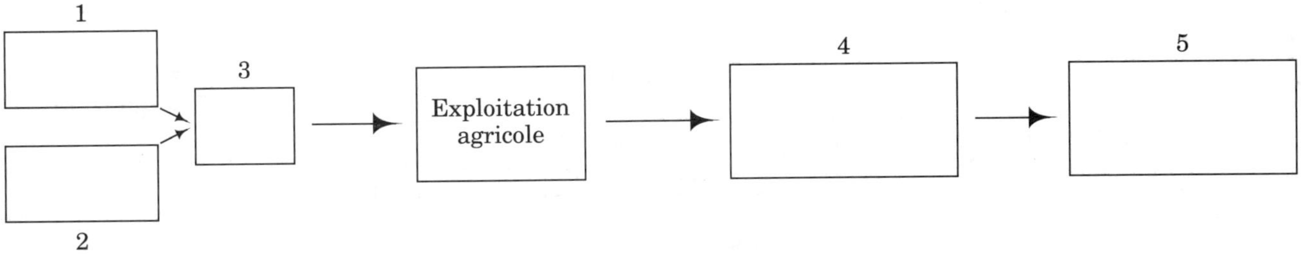

F. Rédigez l'introduction du devoir en posant une question et en annonçant votre plan.

....

....

....

....

....

CAPACITÉ **4**

MAÎTRISER LE SUJET

SUJET : La décolonisation après 1945, ses causes et ses conséquences.

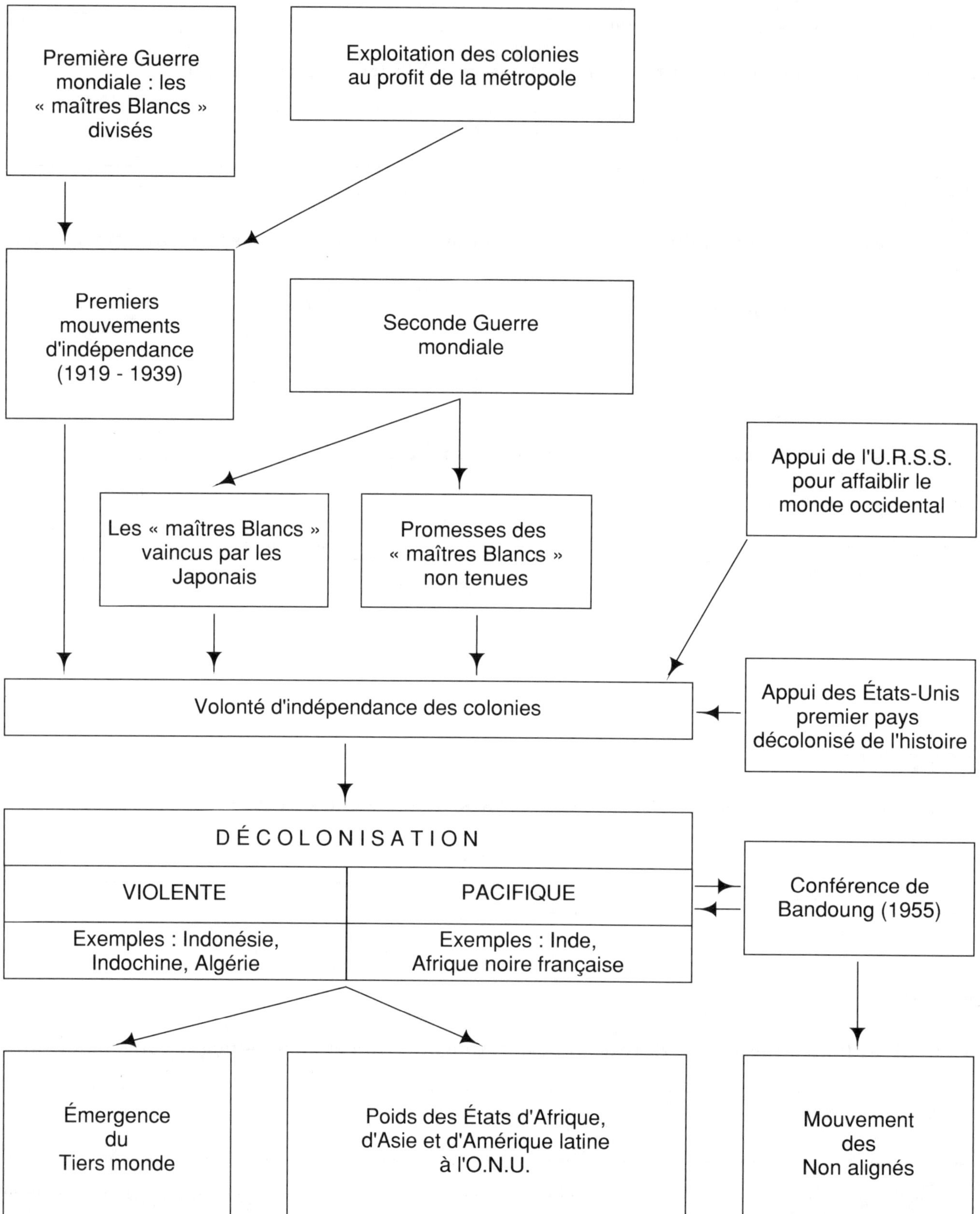

initiation

A. La décolonisation des pays suivants a-t-elle été violente ou pacifique ? (marquez V ou P)

1. Indonésie ☐ 2. Inde ☐ 3. Sénégal ☐
4. Indochine ☐ 5. Côte-d'Ivoire ☐ 6. Algérie ☐

B. Citez deux causes des premiers mouvements d'indépendance.

....

contrat

C. Reliez :

1. les hommes politiques suivants à leur pays :

Houphouët-Boigny	Inde
Ben Bella	Égypte
Nehru	Nord-Viêt-nam
Nasser	Cuba
Castro	Côte-d'Ivoire
Senghor	Algérie
Hô Chi Minh	Sénégal

2. les pays colonisés suivants à leur métropole :

Indochine	
Inde	Royaume-Uni
Algérie	Portugal
Sénégal	Belgique
Angola	France
Zaïre	Pays-Bas
Indonésie	

D. Observez attentivement la page ci-contre puis cachez-là. Parmi les éléments suivants quels sont ceux qui sont des causes de la décolonisation ? Quels sont ceux qui sont des conséquences ? Quels sont ceux qui sont hors-sujet ?

	Causes	Conséquences	Hors-sujet
1. Exploitation des colonies :	☐	☐	☐
2. Première élection de Roosevelt en 1932 :	☐	☐	☐
3. Les « maîtres Blancs » vaincus par les Japonais :	☐	☐	☐
4. Émergence du Tiers monde :	☐	☐	☐
5. Appel du général de Gaulle le 18 juin 1940 :	☐	☐	☐
6. Promesse des « maîtres Blancs » non tenues :	☐	☐	☐

maîtrise

E. Parmi les pays suivants, cochez ceux qui étaient des pays colonisateurs en 1946.

1. Royaume-Uni ☐ 2. Belgique ☐ 3. Suisse ☐ 4. Pays-Bas ☐ 5. Portugal ☐
6. États-Unis ☐ 7. France ☐ 8. Inde ☐ 9. Allemagne ☐ 10. Italie ☐

11. Quels pays le sont encore en 1970 ? ....

....

F. Rédigez un court paragraphe présentant les causes essentielles de la décolonisation

....

....

....

....

CAPACITÉ

4 MAÎTRISER LE SUJET

SUJET : L'agriculture en Union soviétique : l'espace agricole et les régions agricoles, les types d'exploitations, les problèmes actuels.

1	2	3
Kolkhoze	Importantes importations de blé	Sovkhoze
4	**5**	**6**
Faible productivité	Feed-lots	Ukraine
7	**8**	**9**
Mandchourie	Terres vierges du Kazakhstan	Agri-business
10	**11**	**12**
Ranching	Manque d'engrais	Forte variation annuelle de la production
13	**14**	**15**
Contraintes climatiques	Lopin familial	Tchernoziom
16	**17**	**18**
Irrigation en Asie centrale	Latitudes élevées	Secteur secondaire important
19	**20**	**21**
Superficie agricole supérieure aux É.U.	Économie collectiviste	Faiblesse des rendements
22	**23**	**24**
La partie européenne est la plus cultivée	Bassin houiller du Donbass	Les deux tiers du pays non cultivables

initiation

A. Évitez le hors-sujet. Éliminez de la liste de la page ci-contre tous les éléments qui ne font pas partie du sujet.

1. Hachurez horizontalement ceux qui ne font pas partie de l'espace délimité par le sujet.

2. Hachurez verticalement ceux qui ne font pas partie du thème défini par le sujet.

B. Ordonnez les connaissances. Coloriez les données de la page ci-contre selon les rubriques auxquelles elles appartiennent :

1. les caractères de l'espace agricole en bleu ;
2. les régions agricoles en vert ;
3. les types d'exploitation en rouge ;
4. les problèmes en jaune.

contrat

C. A partir de l'exercice B, ordonnez les éléments de façon logique, à l'intérieur de chaque rubrique.

1. L'espace agricole : ....

....

2. Les régions agricoles : ....

....

3. Les types d'exploitations : ....

....

4. Les problèmes : ....

....

D. Proposez un plan différent de celui qui est suggéré par le libellé du sujet.

....

....

maîtrise

E. Rédigez l'introduction

....

....

....

....

F. Rédigez la conclusion.

....

....

....

....

CAPACITÉ 4

MAÎTRISER LE SUJET

Introduire

1. Bien réfléchir au sujet, le relire plusieurs fois pour bien le cerner.
2. Réaliser ensuite le plan du sujet (voir pages 46 et 47).
3. Procéder avec méthode :
- dégager une idée générale : *une idée forte* ;
- annoncer les différentes parties du plan en posant *des questions*.

Exemple de sujet : « **L'Allemagne nazie de 1933 à 1939** ».

Partir d'une idée forte
En 1945, les Alliés libèrent les camps de concentration et l'horreur du génocide est révélée à la face du monde.
Le nazisme, au pouvoir en Allemagne depuis 1933, est responsable de la destruction programmée de millions d'hommes.

Poser des questions
Comment cela a-t-il été possible ? Quelle est l'idéologie nazie ? Comment les nazis sont-ils arrivés au pouvoir ? Quelle politique ont-ils menée en Allemagne de 1933 à 1939 ?

Conclure

La conclusion achève la *démonstration*.
Elle met l'accent sur l'aspect du sujet qui est le plus important.
Elle ouvre la perspective.

Exemple : « **L'Allemagne nazie de 1933 à 1939** ».

Aspect le plus important du sujet
Le nazisme, idéologie raciste, a soumis l'individu à un État totalitaire et à un chef présenté comme infaillible.

Ouverture de la perspective
Hitler a sorti l'Allemagne de la crise économique, mais a engagé son pays dans une politique d'agressions qui a débouché sur la Seconde Guerre mondiale.

Document 1

a. Au nord-est des États-Unis un ensemble de villes se rejoignent : c'est la Mégalopolis. Dans les villes on trouve des quartiers délabrés, peuplés de gens de couleur : les ghettos.

b. Les États-Unis sont le pays du capitalisme : de grandes entreprises contrôlent les usines. Elles cherchent le profit et s'efforcent de produire vite, beaucoup et moins cher.

c. Peuplés de 4 millions d'habitants en 1800, les États-Unis en comptent 244 millions en 1988. Cette forte progression s'explique-t-elle seulement par l'accroissement naturel ? La façon dont les Etats-Unis se sont peuplés permet-elle de mieux comprendre la société américaine ?

Document 2

a. Aux États-Unis les distances sont donc considérables : 2 500 km du nord au sud et 4 000 km d'est en ouest. L'ampleur de l'espace a marqué, et marque encore, la mentalité américaine. Cependant les Américains se concentrent surtout dans le quart nord-est du pays.

b. Une forte immigration, aujourd'hui sévèrement contrôlée, explique donc le peuplement des États-Unis depuis leur Indépendance. La mentalité de pionnier n'a pas disparu, la population américaine est très mobile : c'est maintenant vers la « Sun belt » que se situe le nouveau « far-west ».

c. Les États-Unis ont donc la première agriculture du monde. Celle-ci est un maillon dans un ensemble d'activités que l'on appelle le complexe agro-alimentaire.

initiation

A. Les trois textes du document 1.

1. Lequel de ces textes pourrait constituer une introduction simplifiée au sujet « La population des États-Unis » ? .... 2. Pourquoi ? ....

....

B. Les trois textes du document 2.

1. Lequel de ces textes pourrait constituer une conclusion simplifiée au sujet « La population des États-Unis » ? .... 2. Pourquoi ?

....

contrat

C. Rédigez une partie de l'introduction du sujet « L'agriculture aux États-Unis » en annonçant le plan par une série de questions.

....

....

....

D. Rédigez une partie de la conclusion du même sujet en mettant l'accent sur l'aspect le plus important de votre démonstration.

....

....

....

maîtrise

E. « L'agriculture aux États-Unis ». Rédigez, pour ce sujet, une introduction complète en posant une problématique simple, c'est-à-dire une question fondamentale qui guidera toute votre démonstration.

....

....

....

....

....

F. Rédigez une conclusion complète sur ce même sujet en ouvrant une perspective.

....

....

....

....

LES GRANDS ESPACES AMÉRICAINS

Un couloir de plaines entre deux montagnes

Le relief des États-Unis, comme celui de toute l'Amérique du Nord, s'organise dans le sens nord-sud. Deux zones montagneuses, d'inégale ampleur, encadrent une immense plaine centrale.

A l'est, les Appalaches, montagne ancienne peu élevée, s'allongent sur près de 2 000 km, parallèlement à la côte atlantique. Elles dominent au sud-est une plaine littorale qui s'élargit vers le sud.

Au centre, les Grandes Plaines, ouvrent une vaste gouttière du Canada au golfe du Mexique. Le Mississippi draîne un vaste bassin hydrographique. Il offre, au cœur du pays, une magnifique voie navigable. Au nord-est, le Saint-Laurent relie l'escalier des Grands Lacs qui constituent une véritable mer intérieure.

A l'ouest, se dressent les trois ensembles des grandes Cordillères. Venant de l'est et après avoir franchi, vers 4 000 m le bourrelet des Rocheuses, on pénètre sur les plateaux et dans des bassins draînés par le Snake et le Colorado. pour atteindre le Pacifique, reste à franchir la barrière la plus élevée, celle des chaînes côtières qui se dressent à 4 418 m au mont Whitney dans la Sierra Nevada. En Californie, le jeu des failles provoque de fréquents séismes.

Des climats contrastés

La disposition méridienne du relief influe considérablement sur les climats qui présentent un caractère continental marqué. L'hiver, lorsque l'air polaire s'engouffre dans les Grandes Plaines, de violents blizzards se lèvent, provoquant des coups de froid jusqu'au Texas. En été, l'air tropical remonte le couloir : c'est la saison des « coups de chaud ». Les saisons sont donc très contrastées. L'impressionnante barrière des Cordillères fait obstacle aux vents d'ouest chargés de pluie : à l'ouest du 100e méridien la sécheresse règne, le Sud-Ouest est un désert.

Les régions de l'Est bénéficient de climats favorables à la vie agricole. Au voisinage du golfe du Mexique, le climat subtropical permet de cultiver des agrumes et des plantes exotiques.

initiation

A. Soulignez dans le texte le nom des montagnes en orangé, le nom des fleuves en bleu, le nom des plaines en vert.

B. En vous aidant d'un atlas ou de votre manuel, dessinez au crayon et à main levée, un fond de carte des Etats-Unis sur lequel vous tracerez :
1. les limites des Rocheuses et des Appalaches ;
2. le cours du Mississippi (écrivez son nom).
N'oubliez pas d'indiquer l'orientation et l'échelle.

contrat

C. Ajoutez à votre croquis :
1. tous les reliefs, océans, lacs, fleuves cités dans le texte ;
2. écrivez leur nom.

D. Construisez la légende de cette carte du relief.

1 ☐ .... 2 ☐ ....

maîtrise

E. Indiquez :
1. dans le texte, les noms des masses d'air, en les soulignant en noir ;
2. traduisez ce paragraphe sur votre carte en utilisant des flèches de couleurs différentes.

F. Construisez la légende :

1 ☐ .... 2 ☐ .... 3 ☐ ....

CAPACITÉ 4

MAÎTRISER LE SUJET

La France en 1939

QUELQUES CONSEILS

Dresser un tableau, c'est présenter la situation historique d'un groupe de pays, d'un conflit ou d'un pays à un moment donné.

Exemple : « Les États européens en 1914 ».

Pour dresser un tableau classez vos connaissances par thèmes :

Aspects politiques : qui gouverne ? Existe-t-il des problèmes politiques particuliers dans le pays ?

Aspects économiques : quelle est la situation agricole et industrielle du pays ? Est-on en période de crise économique ou en période de prospérité ?

Aspects sociaux et culturels : observe-t-on un consensus ou des oppositions entre les groupes sociaux ?

Aspects militaires : quelles sont les forces en présence ? Où se situent les fronts ? Comment évoluent-ils ?

Organisez vos connaissances en construisant un plan qui mette en valeur l'élément important du tableau : pour les États européens en 1914, on insistera sur la domination de l'Europe sur le monde.

1. Des oppositions sociales très fortes

La bourgeoisie avait, dans la France d'avant-guerre, cessé d'être heureuse. Jadis ressource presque unique de beaucoup de familles, la rente fondait entre des mains étonnées. La résistance du salariat faisait bloc contre toute pression sur les rémunérations ouvrières, amenuisant à chaque crise le profit patronal. La poussée de nouvelles couches sociales menaçait la puissance économique et politique d'un groupe habitué à commander. (...) Un jour vint où, favorisé par la tragédie économique, l'électeur du commun fit entendre plus haut et plus dangereusement sa voix. Contraint à payer de sa personne, chaque jour plus durement, le bourgeois crut s'apercevoir que les masses populaires dont le labeur était la source profonde de ses gains, travaillaient au contraire moins que par le passé — ce qui était vrai — et même moins que lui-même. (...) On le vit s'indigner que le manœuvre trouvât le loisir d'aller au cinéma, tout comme le patron ! Dans ces foules au poing levé, exigeantes, un peu hargneuses, les plus charitables gémissaient de chercher désormais en vain le « bon pauvre » déférent des romans de Mme de Ségur. Les valeurs d'ordre, de bonhomie, de hiérarchie sociale paraissaient prêtes à être balayées. Parce que la bourgeoisie était ainsi anxieuse et mécontente, elle était aussi aigrie.

Marc BLOCH, *L'étrange défaite,* Albin Michel, 1957.

2. L'évolution démographique

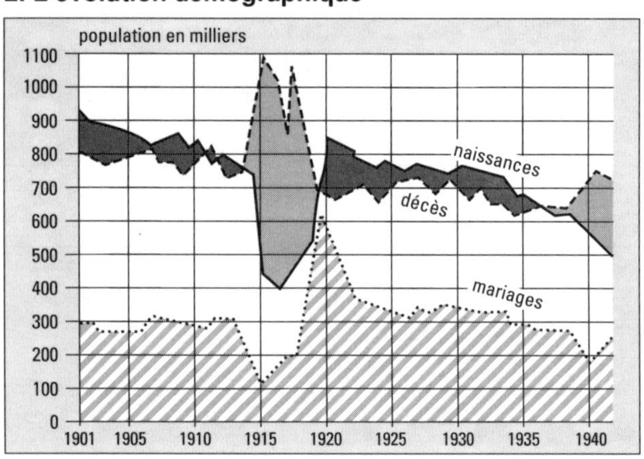

3. L'évolution de la production industrielle

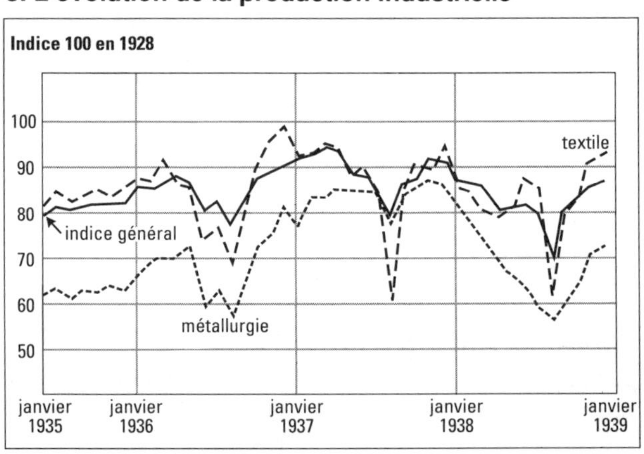

4. La Chambre en 1936

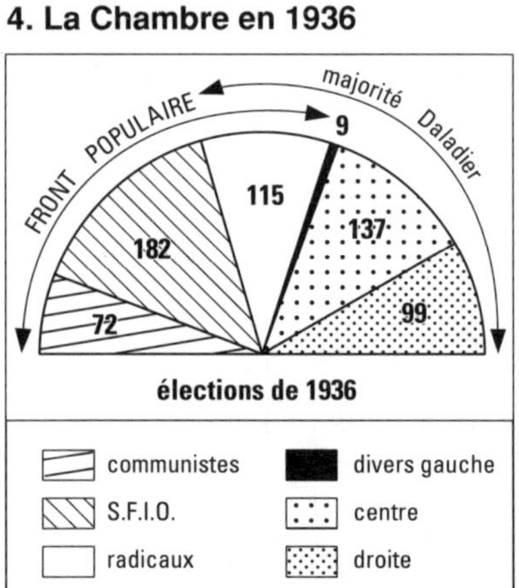

5. La presse après la conférence de Munich

SIXIÈME DERNIERE

Paris-soir Dimanche

SAMEDI 1er OCTOBRE 1938

6c DERNIÈRE 50 cent.

C'est à 1 heure 35 ce matin que l'ACCORD des QUATRE a été signé à Munich

LA PAIX !

Demain, 1er OCTOBRE commencera l'évacuation des régions sudètes

M. Edouard Daladier est arrivé cet après-midi à 15 heures 48 au Bourget

Sur tout le parcours, de l'aérodrome à la rue Saint-Dominique, une foule immense a acclamé

La paix ! La paix ! C'est la paix ! Voilà le mot qui, ce matin, se lisait dans tous

initiation

A. Quels documents de la page ci-contre permettent d'illustrer les aspects :

1. politiques ? .... 2. économiques ? .... 3. sociaux ? ....

4. militaires ? ....5. démographiques ? ....

B. Quels sont les deux groupes sociaux qui s'affrontent en 1939 ?

1. ....

2. Quelle est la nature du document 5 ? .... 3. Quelle est sa date ? ....

contrat

C. A la fin des années 30 :

1. quels sont, pour la population, les effets de la guerre 1914-1918 sur le plan démographique ? ....

....

....

2. la situation est-elle semblable en Allemagne ? ....

D. Indiquez :

1. d'après le document 3, si la France de 1939 est sortie de la crise économique de 1929 ....

....

2. de quelle conférence s'agit-il dans le document 5 ? ....

3. combien de pays y ont participé ? ....

4. quelle décision a été prise lors de cette conférence ? ....

....

....

5. les événements qui correspondent aux passages soulignés dans le texte 1 ....

....

maîtrise

E. Quel aspect essentiel faut-il mettre en valeur dans ce tableau de la France en 1939 ?

....

....

....

F. Quelles questions poseriez-vous pour introduire le sujet ?

....

....

....

SE PRÉPARER A UN EXAMEN

Commentaire de document

Sujet

Le traité de Versailles

Art. 42, 43 : Il est interdit à l'Allemagne de maintenir ou de construire des fortifications (...) sur la rive gauche du Rhin [et] sur la rive droite à l'ouest d'une ligne tracée à 50 km à l'est de ce fleuve et d'entretenir ou de rassembler des forces armées dans cette zone.
Art. 80, 81, 87 : L'Allemagne reconnaît l'indépendance et les frontières de l'Autriche, de la Tchécoslovaquie et de la Pologne.
Art. 119 : L'Allemagne renonce à ses droits sur ses possessions d'outre-mer.
Art. 160 : L'armée allemande ne pourra dépasser 100 000 hommes.
Art. 171 : La fabrication de tanks est interdite.
Art. 173 : Tout service militaire est aboli.
Art. 198 : Les forces militaires ne devront comprendre aucune aviation.
Art. 231 : L'Allemagne reconnaît qu'elle et ses alliés sont responsables (...) de toutes les pertes et de tous les dommages subis par les gouvernements alliés en conséquence de la guerre [déclenchée] par l'agression de l'Allemagne et de ses alliés.
Art. 232 : Les gouvernements alliés exigent (...) et l'Allemagne en prend l'engagement, que soient réparés tous les dommages causés à la population civile des alliés et à leurs biens.
Art. 233 : Le montant desdits dommages sera fixé par une commission des réparations.

Extraits du traité de Versailles, juin 1919.

Questions

1. *Quelle est la nature et la date du document ?*

2. *Classez les articles présentés selon les thèmes suivants : clauses militaires, clauses territoriales et politiques, clauses économiques, clauses morales.*

3. *Montrez que l'Allemagne perd sa puissance militaire.*

4. *Comment s'appelle la région visée par les art. 42 et 43 ? Que se passe-t-il dans cette zone ? Quel nom lui donne-t-on alors ?*

5. *Nommez les quatre principaux pays alliés qui ont établi le traité de Versailles.*

6. *Quels articles indiquent des modifications de frontières ? Nommez un pays nouveau et un territoire perdu par l'Allemagne.*

7. *Pourquoi ce traité a-t-il été jugé inacceptable par certains Allemands ? Quel nom lui ont-ils donné ?*

Quelques conseils

- Lisez attentivement le document avant de commencer à répondre.
- Répondez aux questions dans l'ordre. Les premières questions sont les plus simples et la réponse se trouve souvent sur le document. Les dernières questions sont plus complexes et font appel à votre réflexion : la réponse ne se trouve pas nécessairement sur le document.
- Ne confondez pas la nature du document (texte, affiche, graphique, carte, etc.) avec son contenu.
- Si on vous demande des renseignements sur un auteur à la date d'un texte, ne dépassez pas cette date !
- N'oubliez pas les points réservés au soin et à l'orthographe : vos réponses doivent être entièrement rédigées.

Sujet corrigé

1. Il s'agit d'extrait d'un texte public, le traité de Versailles, signé en juin 1919.

2. Clauses militaires : Articles 42, 43, 160, 171, 173, 198.
Clauses territoriales et politiques : art. 42, 43, 80, 81, 87, 119.
Clauses économiques : art. 232, 233.
Clauses morales : art. 231.

3. L'Allemagne perd sa puissance militaire pour les raisons suivantes : son armée est réduite à 100 000 hommes et le service militaire est supprimé (art. 160, 173). L'armée allemande ne doit posséder ni chars, ni avions (art. 171 et 198), et la région à l'ouest du Rhin ne peut être fortifiée (art. 42, 43).

4. La région visée par les art. 42 et 43 s'appelle la Rhénanie. Elle ne peut être ni fortifiée, ni occupée par des soldats allemands : on dit que cette zone est démilitarisée.

5. Les quatre principaux pays alliés qui ont établi le traité de Versailles sont la France, les États-Unis, le Royaume-Uni et l'Italie.

6. Les articles qui indiquent des modifications de frontières sont les articles 80, 81 et 87. La Tchécoslovaquie est un pays nouveau. L'Allemagne a perdu l'Alsace-Lorraine rendue à la France.

7. Ce traité a été jugé inacceptable par certains Allemands pour de nombreuses raisons: l'Allemagne n'a pu le discuter ; elle perd des territoires à l'ouest (Alsace-Lorraine), au nord et surtout à l'est, où la Prusse orientale est séparée de l'Allemagne pour donner un accès à la mer à la Pologne ; l'article 231 en fait la seule responsable de la guerre ; elle doit payer de lourdes réparations (art. 232 et 233) ; sa puissance militaires est limitée ; des Allemands vivent en dehors des frontières allemandes (par ex. dans les Sudètes). Tout ceci alors que l'Allemagne n'a pas été envahie. On parle alors du Diktat de Versailles.

SUJET DE BREVET : HISTOIRE

Questions aux contours bien délimités

Sujet

L'après-guerre en Europe, 1945-1947 : bilan de la guerre, montée des tensions, formation des blocs.

Quelques conseils

- Lisez attentivement le sujet afin de bien en comprendre le sens et d'éviter le hors-sujet.
- Suivez le plan qui est proposé. Ici trois parties : le bilan de la guerre (situation de l'Europe en 1945), la montée ees tensions, la formation des blocs.
- Rédigez une introduction : elle doit présenter le sujet et montrer le plan suivi.
- Séparez nettement les trois parties que vous allez suivre. Donnez un titre à chacune d'elles.
- N'oubliez pas la conclusion.
- N'oubliez pas les points pour le soin et l'orthographe : votre travail doit être entièrement rédigé, sans abréviations ni style télégraphique.

Sujet corrigé

Introduction

En mai 1945, l'Europe sort de la guerre la plus meurtrière que le monde ait connu. Le bilan en est désastreux. Les Alliés, qui ont abattu le fascisme et le nazisme, vont-ils en profiter pour bâtir un monde meilleur en restant unis, ou laisseront-ils cours à leurs rivalités ?

I. Le bilan de la guerre

La Seconde Guerre mondiale a fait plus de 50 millions de morts. En Europe, les pays les plus touchés se trouvent à l'est : U.R.S.S. (20 millions de morts), Allemagne, Pologne. La France et les pays anglo-saxons sont moins touchés.

A la différence de la Première Guerre mondiale, les civils, victimes des bombardements, des représailles, des camps de concentration, sont lourdement touchés (ils représentent la moitié des morts soviétiques, plus de 80 % de morts polonais).

Les destructions sont considérables. Toute l'Europe a été touchée par les combats ou par les bombardements.

La situation militaire entraîne de nombreux bouleversements territoriaux : l'Armée Rouge occupe la moitié orientale de l'Europe. Ce qui reste de l'Allemagne, ainsi que l'Autriche, est divisé en quatre zones d'occupation (russe, anglaise, américaine et française).

Pour éviter de nouveaux problèmes de minorités nationales, on n'hésite pas à transférer des populations, qui viennent grossir les millions de réfugiés : 12 millions d'Allemands quittent ainsi l'Europe centrale.

Le bilan moral, enfin, est particulièrement accablant. Les démocraties européennes ont montré leur faiblesse face aux dictatures. En 1945, on découvre l'horreur des camps de concentration et l'extermination des Juifs dans les camps de Pologne. Avec les bombardements d'Hiroshima et de Nagasaki, l'humanité apprend à connaître la peur atomique. Une immense désillusion s'abat sur l'Europe au lendemain de la victoire.

II. La montée des tensions

Les Alliés essaient de s'entendre pour organiser le monde de l'après-guerre. En 1945, ils se mettent d'accord pour fonder l'Organisation des Nations Unies, qui doit empêcher toute nouvelle guerre et développer la coopération entre les États.

Cependant, la méfiance s'installe peu à peu entre les anciens Alliés. Les Occidentaux n'acceptent pas la situation créée par les Soviétiques en Europe de l'est où l'Armée Rouge favorise la prise du pouvoir par les communistes; dès 1946, Churchill parle du « rideau de fer » qui coupe l'Europe en deux. Le prestige de l'U.R.S.S., qui fait figure en Europe de principal vainqueur du nazisme, rejaillit sur les partis communistes : certains se demandent si la révolution communiste ne va pas submerger le continent.

La méfiance existe aussi du côté soviétique : les États-Unis dominent l'économie mondiale, ils sont également les seuls à posséder l'arme atomique, ce qui leur donne la suprématie militaire.

III. La formation des blocs

L'année 1947 marque la rupture entre les anciens Alliés. États-Unis et U.R.S.S. consolident leurs zones d'influence.

Les États-Unis offrent leur appui financier à l'Europe pour aider à sa reconstruction : c'est le plan Marshall. L'aide américaine doit permettre la reconstruction de l'Europe par l'achat de produits américains. Cette aide est bien accueillie par l'Europe de l'Ouest et permet son démarrage économique. En revanche, certains pays de l'Est européen doivent y renoncer sous les pressions de l'U.R.S.S.

Les tensions politiques s'accentuent. A l'Ouest, les ministres communistes sont exclus des gouvernements. A l'Est, les gouvernements sont formés uniquement de communistes.

En octobre 1947, les deux blocs sont formés : à l'Europe occidentale groupée derrière les États-Unis et aidée par le plan Marshall, s'oppose l'Europe de l'Est aidée par l'U.R.S.S. et par une organisation politique, le Kominform, et un traité d'assistance économique, le C.A.E.M.

Conclusion

En 1945, l'Europe sort profondément bouleversée de la guerre. L'entente entre les Alliés ne dure pas. En deux ans l'Europe est peu à peu coupée en deux : en 1947, la rupture est consommée entre un bloc capitaliste à économie libérale à l'Ouest, et un bloc socialiste à économie planifiée à l'Est.

SE PRÉPARER A UN EXAMEN

Commentaire de documents

1 - Répartition de la population et agglomérations en France

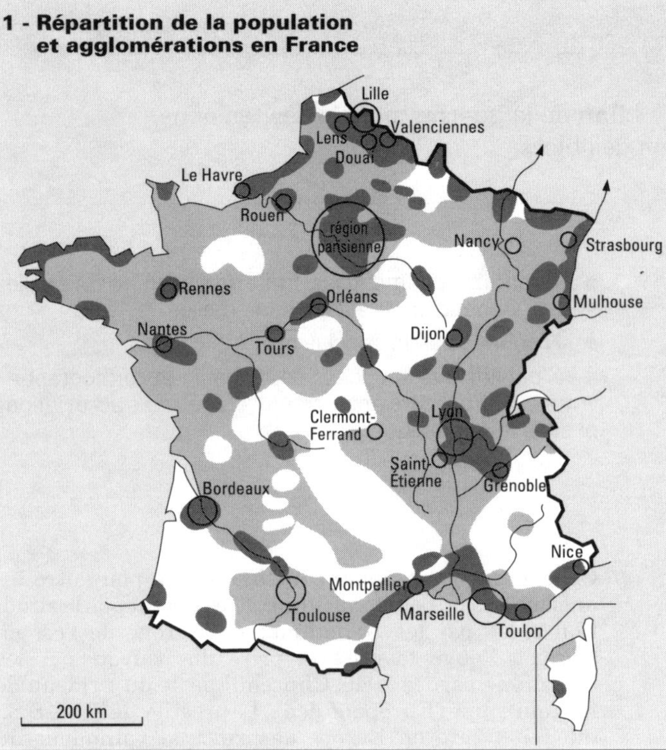

2 - Évolution de la population urbaine et de la population rurale

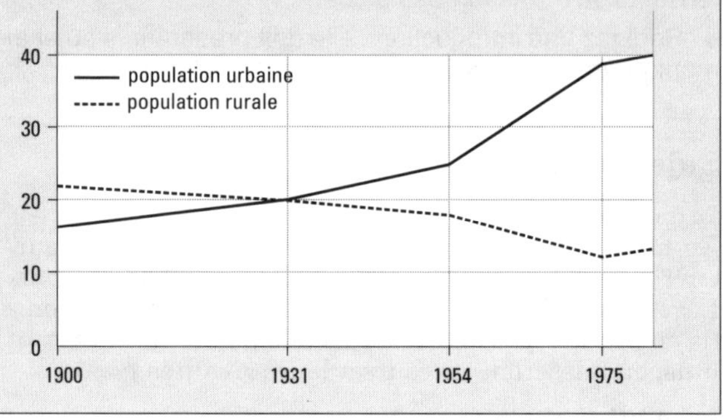

Questions

1. *Comment appelle-t-on le nombre d'habitants par km² ? Qu'est-ce qu'une agglomération ?*

2. *A partir d'exemples pris sur la carte, nommez deux régions peuplées et indiquez quels éléments ont favorisé ce peuplement important.*

3. *Donnez deux exemples de région faiblement peuplée et indiquez-en les raisons.*

4. *Dans quelle partie du territoire se trouvent surtout les villes ? Tracez sur la carte une ligne qui sépare la France urbaine de la France rurale.*

5. *Définissez les termes suivants du document 2 : population urbaine, population rurale.*

6. *Expliquez l'évolution des deux courbes : quand la population urbaine dépasse-t-elle la population rurale ? Que se passe-t-il depuis 1975 ?*

Sujet corrigé

1. Le nombre d'habitants par km² s'appelle la densité. Une agglomération est l'ensemble constitué par une ville et ses banlieues.

2. Parmi les régions les plus peuplées (plus de 100 hab./km²), on peut nommer la région parisienne : elle regroupe 16 % de la population française. Ce peuplement dense s'explique par la présence de Paris, la capitale de la France, autour de laquelle se situe la première région industrielle et économique française. L'Alsace est également une région densément peuplée : c'est une riche région agricole au cœur de l'Europe rhénane.

3. Certaines régions sont faiblement peuplées (moins de 50 hab./km²) à cause du relief. C'est le cas par exemple des Alpes ou du Massif central. La région des Landes est également faiblement peuplée parce que c'est une région au sol pauvre occupée par la forêt.

4. Les villes se situent surtout au Nord et à l'Est du territoire. La France urbaine se trouve à l'est d'une ligne Le Havre-Marseille ; la France rurale se localise à l'ouest de cette ligne.

5. La population urbaine est la population qui vit en ville, c'est-à-dire dans des groupements de population supérieur à 2 000 habitants. La population rurale est celle qui ne vit pas en ville.

6. La population urbaine dépasse la population rurale à partir de 1931. La population urbaine augmente fortement jusqu'en 1975, tandis que la population rurale baisse : cela correspond au développement économique des «Trente Glorieuses» : l'exode rural vide les campagnes au profit des villes où se développent de nouvelles banlieues ; le nombre d'agriculteurs baisse, tandis qu'augmente celui des actifs dans le secteur secondaire et surtout le secteur tertiaire. A partir de 1975, la population urbaine n'augmente plus que très faiblement, tandis que la population rurale progresse très lentement. On arrive à un nouvel équilibre.

SUJET DE BREVET GÉOGRAPHIE

Question aux contours bien délimités

Sujet

L'industrie aux États-Unis : les bases de la puissance industrielle américaine, industries traditionnelles et secteurs de pointe, évolution récente.

Quelques conseils

- Le plan est indiqué dans l'intitulé du sujet qui vous donne les trois parties que vous devez distinguer.
- Réfléchissez avant d'écrire : les bases de la puissance industrielle demandent de présenter les ressources naturelles, mais aussi l'organisation du capitalisme américain ; l'évolution récente doit vous permettre d'opposer anciennes et nouvelles régions industrielles en montrant les modifications des localisations industrielles.
- Reportez-vous également aux conseils généraux exposés p. 55.

Sujet corrigé :

Introduction

Les États-Unis possèdent la première industrie mondiale. Quelles sont les bases de la puissance industrielle américaine ? Aujourd'hui cette première place semble menacée. Quels sont les secteurs en crise ? Où et comment se développent les industries de pointe ? Comment évolue l'industrie américaine ?

I. Les bases de la puissance industrielle américaine

La puissance industrielle américaine repose d'abord sur l'exploitation des ressources naturelles abondantes. Les États-Unis possèdent presque toutes les ressources énergétiques et minières. Ils occupent le premier rang mondial pour la houille, le gaz, l'uranium, le cuivre, le plomb et le troisième rang mondial pour le pétrole. Les conditions d'extraction sont souvent très favorables (mines à ciel ouvert par exemple).
La puissance industrielle repose également sur l'existence de très grandes entreprises, souvent étroitement associées aux banques. Ces entreprises se sont peu à peu concentrées pour aboutir aujourd'hui à la formation de grosses sociétés polyvalentes, les conglomérats. Leur production est considérable : sur 14 millions d'entreprises, les 200 plus grosses assurent plus de 50 % de la production totale du pays.
Les méthodes de production recherchent l'efficacité par la mécanisation, la standardisation des produits, l'utilisation de robots, une gestion rigoureuse et une liaison étroite avec la recherche.

II. Une situation industrielle contrastée

Les industries anciennes, puissantes jusque dans les années 60 sont en difficulté.
Parmi ces industries en perte de vitesse se trouve la sidérurgie. Au premier rang jusqu'en 1970, elle est aujourd'hui passée au 3e rang, derrière l'U. R. S. S. et le Japon. La sidérurgie américaine se spécialise aujourd'hui dans la production d'acier de qualité, mais les usines les moins productives ont été fermées.
L'industrie automobile connaît aussi des problèmes importants, malgré l'existence de firmes géantes comme Ford ou General Motors. La menace vient surtout des constructeurs japonais.
A l'inverse, des industries de pointe se sont développées, reposant sur les découvertes techniques et scientifiques récentes, et faisant appel à de nombreux capitaux et à un personnel hautement qualifié. C'est sur ces industries que repose aujourd'hui la puissance industrielle américaine. Elles créent aujourd'hui près de la moitié des nouveaux emplois industriels.
Parmi les secteurs les plus compétitifs, on peut citer les industries aéronautiques et aérospatiales, stimulées par les besoins intérieurs du pays, les commandes militaires, et les expériences du programme spatial américain. Boeing est le premier constructeur mondial d'avions. L'industrie électronique possède également une supériorité écrasante : I. B. M. produit 60 % des ordinateurs vendus dans le monde.

III. Anciennes et nouvelles localisations industrielles

Le Nord-Est des États-Unis, la «Manufacturing belt», possède toutes les industries. Il bénéficie de facteurs favorables : des communications faciles (St-Laurent, Grands Lacs), des ressources naturelles importantes et anciennement mises en valeur (charbon, minerai de fer) et de la présence d'une population importante.
Mais la «Manufacturing belt» n'attire plus. Ses industries vieillissantes sont en difficulté. Le chômage est très important, malgré l'installation de quelques industries de pointe sur la côte. L'importance relative du Nord-Est diminue au profit de nouveaux centres industriels.
Les régions industrielles dynamiques sont aujourd'hui l'Ouest et le Sud des États-Unis. Elles forment la «Sun belt» où s'installent des industries modernes à haute technologie qui dépendent moins des matières premières.
La développement du Sud, le long du golfe du Mexique, dépend de la pétrochimie et surtout des industries aérospatiales (la N.A. S. A. est installée à Houston et en Floride). La Nouvelle-Orléans est devenue le deuxième port des États-Unis derrière New York.
Le développement de la côte Ouest dépend d'abord des industries aéronautiques (Boeing à Seattle) installées ici depuis les années 40, mais surtout du développement récent de l'électronique en Arizona et en Californie (la Silicon Valley). La Californie est d'ailleurs devenue le principal pôle de développement industriel des États-Unis.

Conclusion

L'industrie américaine a perdu son écrasante supériorité passée, face à la concurrence du Japon et des pays européens. Elle possède cependant de solides atouts : ses industries de pointe et le développement de nouvelles régions industrielles lui permettent de remédier à la perte de vitesse des centres anciens, et de rester au premier rang des puissances industrielles mondiales.

SE PRÉPARER A UN EXAMEN

1. Tout au long de l'année

Je participe activement au cours : un cours bien suivi est à moitié mémorisé.

Je prends régulièrement des notes et je tiens mon cahier à jour.

J'apprends régulièrement mes leçons en utilisant mes notes et mon cahier.

Je m'habitue avec types de sujets proposés.

Je réalise des fiches simples sur les sujets possibles.

2. Deux mois avant l'examen

MAI - JUIN

29	L	Hist	5	L		12	L	Math	19	L		26	L	
30	M		6	M		13	M		20	M		27	M	
31	M		7	M	Géo	14	M		21	M		28	M	Franç.
1	J		8	J		15	J		22	J		29	J	
2	V		9	V		16	V		23	V		30	V	
3	S		10	S		17	S		24	S		1	S	
4	D		11	D		18	D		25	D		2	D	

Je planifie mes révisions.

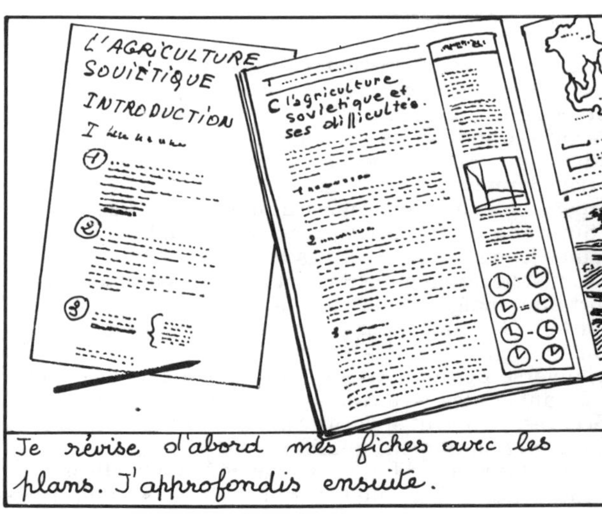

Je révise d'abord mes fiches avec les plans. J'approfondis ensuite.

3. La veille de l'examen

Je me détends.

Je prépare soigneusement mes affaires.

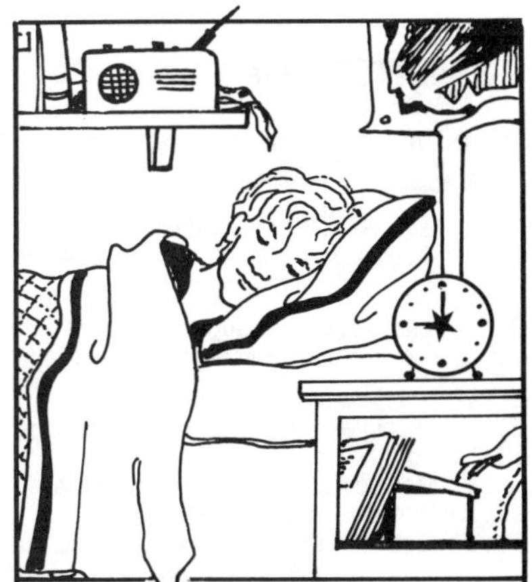

Je vais me coucher tôt.

4. Le jour de l'examen

Je ne panique pas: j'ai travaillé régulière-ment, j'aurai une note correcte.

Au moment de l'examen je lis attentivement les sujets.

14h. J'étudie le document. Je travaille avec ma montre sur la table et je découpe bien mon temps.

14h45. Je traite la question que j'ai choisie.

15h45. Je relis soigneusement ma copie.

CORRIGÉS

S'ORIENTER page 5

A5 : sud. **A**6 : est. **A**7 : nord-est. **A**8 : nord-ouest.

B1 : Durban ou Pôrto Alegre. **B**2 : Sulawesi. **B**3 : Mexico ou Beijing ou Leningrad.

C9 : sud-sud-est. **C**10 : est-nord-est. **C**11 : ouest-sud-ouest.
C12 : sud-sud-ouest. **C**13 : est-sud-est. **C**14 : est-sud-est.

D1 : Leningrad : latitude 60° nord, longitude 30° est.
D2 : La Réunion : latitude 20°sud, longitude 55°est.
D3 : Mexico : latitude 20°nord, longitude 99°ouest.

E1 : Whashington est à l'est de Denver.
E2 : Strasbourg est au nord de Nice.
E3 : Leningrad est au nord-ouest de Moscou.
E4 : Bordeaux est au sud-sud-ouest de Paris.
E5 : Albi latitude 44°nord, longitude 2°est.
E6 : Chicago : latitude 42°nord, longitude 88°ouest.
E7 : Nouméa : latitude 22°sud, longitude 166°est.
E8 : Tachkent : latitude 41°nord, longitude 69°est.
E9 : Kiev. **E**10 : Houston. **E**11 : Saint Louis.

F1 : vers le nord-est ; Reims distante de 100 km de Troyes qui est née dans la vallée de la Seine ; Orléans ville arrosée par la Loire.
F2 : Londres ; Ankara ; Bakou ; Sydney, La Nouvelle-Calédonie.

MAÎTRISER L'ÉCHELLE page 7

B1 : 830 km. **B**2 : 500 km.

C1 : 300 km. **C**2 : 1 050 km. **C3 :** 3 680 km. **C**4 : 3 140 km

D :

Lille	Lyon	Marseille	Paris	Rennes	Strasbourg	
702	445	504	508	373	765	Bordeaux
	562	841	207	441	409	Lille
		279	400	562	382	Lyon
			670	765	621	Marseille
				306	396	Paris
					693	Rennes

E1 : 2 750 km. **E**2 : 1 150 km.

F1 : faux.
F2 : sur une carte au 1 : 12 500 000, les États-Unis mesurent d'est en ouest 37 cm environ alors que l'U.R.S.S., sur une carte au 1 : 50 000 000 ne mesure que 18 cm environ d'est en ouest.

CONNAÎTRE LES CARTES page 9

A1 : voir une carte de densité de population de votre manuel.
A2 : voir une carte d'utilisation du sol de votre manuel.

B1 : Donbass, Karaganda.
B2 : voir une carte de votre manuel.

D1 : pétrole du 3e Bakou, houille du Karaganda, fer de l'Angara.
D2 : faux
D3 : pour exploiter les gisements les Soviétiques doivent déplacer de la main-d'œuvre vers la Sibérie et pour faire fonctionner les usines, transporter les produits miniers et l'énergie vers l'Europe. Il y a donc un double problème de main-d'œuvre et de transport.

E1 : les régions les plus peuplées se superposent aux régions les plus cultivées.
E2 : les hommes se sont installés dans les régions les plus propices à l'agriculture là où le climat était le plus favorable en Europe ou bien là où l'on pouvait irriguer comme en Asie centrale.

F2 : régions peu peuplées de Sibérie en raison du froid mais contenant les 2/3 des réserves.
F3 : régions peu peuplées de l'Asie centrale en raison de la sécheresse.
F4 : grandes régions industrielles (voir la carte 4 en ne différenciant pas la sidérurgie et les industries diversifiées).

CONNAÎTRE LES CARTES page 11

B1 : Île-de-France. **B**2 : Corse ; la Guyane n'est pas une région mais un DOM.

C1 : Île-de-France. **C**2 : Rhône-Alpes. **C**3 : Provence-Alpes-Côte d'Azur.
C4 : Nord-Pas-de-Calais. **C**5 : Pays de la Loire. **C**6 : Bretagne.

D1 : $\frac{796\,000 \times 4}{100}$ = 31 840 actifs dans le secteur primaire

D2 : $\frac{4\,688\,000 \times 69}{100}$ = 3 234 720 actifs dans le secteur tertiaire

E : c'est en Bretagne que les agriculteurs sont les plus nombreux.

F1 : carte des agriculteurs : Bretagne, Pays de la Loire, Poitou-Charentes, Midi-Pyrénées, Limousin, Auvergne, Aquitaine éventuellement.
F2 : carte de la France industrielle : Haute-Normandie, Picardie, Nord, Lorraine, Alsace, Champagne-Ardenne, Pays de la Loire, Centre, Bourgogne, Franche-Comté, Rhône-Alpes.

CONNAÎTRE LES ENSEMBLES GÉOGRAPHIQUES page 13

D1 : Antilles. **D**2 : Réunion. **D**3 : Hawaï.
D4 : Nouvelle-Calédonie. **D**5 : Alaska **D**6 : Kamtchatka.

E1 : la Tchécoslovaquie, la Hongrie, la Roumanie, au sud par la mer Noire, la Turquie, l'Iran, l'Afghanistan, la Chine, la Mongolie, à l'est par l'océan Pacifique, au nord par l'océan Glacial Arctique, au nord-ouest par la Norvège et la Finlande.
E2 : Groenland, mer Blanche, Oural, Grands Lacs, Corse, Appalaches, Floride, Martinique, Polynésie française, Kerguelen.

SE REPÉRER DANS LE TEMPS page 15

A1 :

- août 14 : début 1re Guerre mond.
- oct. 29 : crise boursière aux É.-U.
- sept. 39 : début 2e Guerre mond.
- sept. 58 : constitution de la Ve République

A2 :

1933 — 1945

- 11 nov. 1918 : fin de la 1re Guerre mondiale
- juin 1936 : début du gouvernement de front populaire
- 18 juin 1940 : appel du général de Gaulle
- 1954 – 1962 : guerre d'Algérie
- mai 1968 : révolte étudiante à Paris ; grèves ouvrières

B1 : de Gaulle. **B**2 : 1939-1945. **B**3 : colorier la période 1933-1945.

C1 : Nouvelle Politique Économique (N.E.P.) lancée par Lénine en 1921 et traduisant un certain retour au capitalisme en Russie.
C2 : l'union de l'Autriche à l'Allemagne, union qui était interdite par le traité de Versailles et fut quand même réalisée en 1938.
C3 : l'organisation du traité de l'Atlantique Nord, traité militaire entre les États-Unis et leurs principaux alliés d'Europe occidentale.

D1 : vrai. **D**2 : faux. **D**3 : faux. **D**4 : faux.

E1 : IVe République. **E**2 : Ve République. **E**3 : de Gaulle.

F1 : Diên Biên Phu. **F**2 : la guerre d'Algérie. **F**3 : la guerre de Corée.

DATER LES ÉVÉNEMENTS page 17

A : 5 et 6

B1 : Antiquité, Moyen Âge, Temps modernes, Époque contemporaine.
B2 : 1 : remparts médiévaux (hourds à Carcassonne XIIe-XIIIe s.).
2 : château des princes-évêques de Trèves XVIIIe s.
3 : le monde connu à la fin du XVe s.(ou le partage de Tordesillas).
4 : vase grec à figures noires (Ve s. avant J.-C.).
5 : de Gaulle dans Paris libéré (août 1944).
6 : l' Empire austro-hongrois avant 1914.

C1 : Jules Ferry. C2 : la Révolution française.

D1 : unité allemande et italienne. D2 : collectivisation forcée des terres en Russie, unité allemande et italienne, invention du cinéma parlant, début de la construction des automobiles à la chaîne.
D3 : décolonisation de l'Afrique noire, indépendance de l'Inde, la Cinquième République.

E : Roosevelt : 2 ; Joffre : 1 ; Hitler : 2 ; de Gaulle : 3 ; Brejnev : 1 ; Nasser : 2 ; Pétain : 2 ; Kennedy : 1 ; Mao Zedong : 4 ; Mitterrand : 2 ; Lénine : 2.

F : 22 novembre 1963, assassinat de Kennedy.

ÉTUDIER UNE ÉVOLUTION HISTORIQUE page 19

A1 : 1914 : Berlin ; 1923 : Berlin ; 1939 : Berlin ; 1949 : Berlin-est et Bonn.
A2 : en 1939.

B : République fédérale d'Allemagne.
République démocratique allemande.

C1 : perdu par l'Allemagne :	acquis par :
L'Alsace-Lorraine	la France
Eupen. Malmédy	la Belgique
Schleswig du nord	le Danemark
Posnanie	la Pologne
Haute-Silésie	la Pologne
Danzig	ville libre
Memel	Lithuanie

C2 : annexé par l'Allemagne :	aux dépens de :
Autriche	Autriche
Sudètes	Tchécoslovaquie
Bohème- Moravie	Tchécoslovaquie
Memel	Lithuanie

D1 : les anglo-américains ont débarqué en Normandie, ils viennent de l'ouest, ils laissent à la France une zone d'occupation ; les Soviétiques viennent de l'est.
D2 : la frontière entre l' Est et l'Ouest.

E : Pays-Bas ; Suisse.

F1 : Alsace allemande de 1914 à 1918 ; de 1940 à 1944.
F2 : à cause de la rupture de la Grande Alliance entre États-Unis et U.R.S.S.
F3 : ils sont territoires polonais et russes.

ÉTUDIER UN TEXTE page 21

A1 : 1936. A2 : Adolf Hitler. A3 : en Allemagne.

B1 : un mémoire. B2 : non, puisque «secret».

C1 : Reichsführer, c'est-à-dire chef de l'État et du gouvernement.
C2 : réarmer l'Allemagne pour s'emparer de territoires pris à l'U.R.S.S.

D1 : le nazisme, le fascisme. D2 : Hitler, Mussolini.
D3 : L'U.R.S.S. ; Staline. D4 : France, Grande-Bretagne, États-Unis.
D5 : Pologne, Hongrie, Turquie.
D6 : parce que le traité de Versailles en 1919 avait presque entièrement supprimé l'armée allemande réduite à 100 000 hommes.

E1 : d'après les nazis, territoire dont le peuple allemand a besoin pour vivre.
E2 : système politique établi par Lénine en 1917 ; on utilise souvent aussi le terme «communisme».
E3 : mode de gouvernement d'un pays dans lequel les citoyens choisissent leurs dirigeants par des élections libres.
E4 : ensemble des théories politiques et économiques élaborées par Karl Marx au XIXe siècle.

F1 : l'affrontement avec l'U.R.S.S. est inévitable, c'est une question de vie ou de mort pour l'Allemagne. L'Allemagne a besoin de territoires pour sa nombreuse population.
F2 : non.
F3 : L'U.R.S.S. n'est pas, à ce moment (1936), agressive car elle tente de combler un gros retard économique et elle est engagée dans les purges. L'Allemagne pourrait s'engager dans des échanges commerciaux pour se procurer ce dont elle a besoin.
Hitler cependant fait passer au premier plan l'idéologie nazie.

ÉTUDIER UN TEXTE page 23

A1 : le général de Gaulle.
A2 : par la radio.
A3 : en Grande-Bretagne.
A4 : 17/18 juin 1940.

B1 : 1946. B2 : Paris. B3 : Berger-Levrault.

C1 : En guerre contre l'Allemagne depuis le 3 sept.1939 ; attaquée depuis le 10 mai 1940, l'armée française bat en retraite et la moitié nord du pays est, à ce moment, déjà occupée.
C2 : le maréchal Pétain.
C3 : aux Français en général et plus particulièrement aux militaires et aux travailleurs français de l'armement se trouvant en Grande-Bretagne.

D1 : avec les colonies françaises et l'empire britannique.
D2 : celui des États-Unis.
D3 : les deux suivantes : «chars» répond à « force mécanique terrestre» ; «avions» répond à «force mécanique aérienne» ; «Allemands» répond à «ennemi».

E1 : non. E2 : refus d'obéir ; désertion.
E3 : raison puisque l'Allemagne a fini par être vaincue grâce à la supériorité en hommes et en matériel des États-Unis et de l'U.R.S.S.

F1 : de Gaulle utilise des phrases très courtes, écrites dans un style simple et direct car le texte est d'abord un discours. Chaque idée est reprise au moins deux fois soit par une répétition de la phrase soit par des explications qui éclairent les allusions (voir D3).

ÉTUDIER UN TEXTE page 25

A1 : à Genève. A2 : le 14 déc.1988. A3 : communiqué de presse.
A4 : diffusion publique auprès de tous les abonnés de l'A.F.P.

B1 : Agence France Presse.
B2 : le nom du journaliste est inconnu. Il reprend des extraits du discours de M. Arafat mais en résumant et traduisant.
B3 : Yasser Arafat président du Comité Exécutif de l'O.L.P.

C1 : Égypte, Jordanie, Syrie, Liban, pas Israël puisqu'on demande «limitrophes».
C2 : 14 mai 1948.
C3 : depuis la fin du XIXe siècle, des juifs s'installent en Palestine. Le 29 novembre 1947, l'O.N.U. accepte un plan de partage qui prévoit un État juif et un État arabe en Palestine à la fin du mandat britannique. L'État juif d'Israël est proclamé quelques heures avant la fin du mandat britannique.

D1 : organisation des Nations Unies, crée à San Francisco en juin 1945 par les vainqueurs de la guerre pour maintenir la paix.
D2 : formé de 15 membres dont 5 permanents, le Conseil de sécurité peut faire appel aux soldats de l'O.N.U. (casques bleus) pour maintenir ou rétablir la paix.

E1 : car c'est la partie la plus neuve du discours. Jusque là, le mouvement palestinien souhaitait rétablir par tous les moyens, y compris militaires, l'unité de la Palestine, ce qui supposait la destruction de l'État d'Israël.
E2 : 1948 - 1956 (Suez) - 1967 (les Six jours) - 1973 (guerre du Kippour).
E3 : forme d'action politique utilisant la violence pour atteindre ses objectifs.

F1 : faire reconnaître par le reste du monde le droit à la liberté et à l'indépendance du peuple palestinien.
F2 : l'O.N.U. a reconnu le droit des Palestiniens d'être indépendants. Nous reconnaissons le droit à l'existence d'Israël, qu'Israël fasse de même. La paix pourra alors régner entre Israël et les Palestiniens.
F3 : parce que le gouvernement des États-Unis lui a refusé l'entrée sur son territoire pour parler depuis le siège de l'O.N.U. à New York.

LE DIAGRAMME CLIMATIQUE page 27

A2 : +23,5°C. A3 : -5,3°C.
A4 : juin. A5 : mars et septembre.

C1 : 28,8°C.

D1 : l'été à Rostov est chaud. Pendant sa première partie (juin et juillet) il pleut suffisamment mais les mois d'août et de septembre sont secs.
D2 : L'hiver est froid. Les températures moyennes sont inférieures à 0°C jusqu'en mars. Les précipitations tombent sous forme de neige.

E3 : à la droite de la ligne P=2T les mois sont secs (août et septembre).

F1 : le climat est méditerranéen puisque l'été est en partie sec et chaud.
F2 : le climat est continental en raison de la faiblesse du total des précipitations et de la forte amplitude thermique annuelle.
F3 : cette double influence climatique s'explique par la position de Rostov qui sur la mer Noire subit en été l'influence méditerranéenne et en hiver, l'influence continentale.

ÉTUDIER DES STATISTIQUES page 29

A1 : 1933. **A**2 : 1929.

B1 : 1932. **B**2 : 1929. **B**3 : les prix agricoles.

C1 : en 1929 la production industrielle est à son apogée ; peu de chômage.
C2 : en 1932 : La production industrielle est très diminuée ; grand nombre de chômeurs.

D1 : le nombre de chômeurs augmente très rapidement de 1929 à 1933.
il diminue lentement après 1934 et augmente à nouveau en 1938.
D2 : la crise économique ; la dépression.
D3 : chômage élevé, baisse des prix, baisse de la production industrielle.

E : 1929 : 3,1% ; 1930 : 8,8% ; 1931 : 16,1% ; 1932 : 24,0% ; 1933 : 25,2% ; 1934 : 21,6% ; 1935 : 19,9% ; 1936 : 16,5% ; 1937 : 13,8% ; 1938 : 18,7%.

F1 : situation dramatique surtout en 1932-1935.
F2 : à cause de la surproduction industrielle les stocks augmentent, les industriels n'arrivent plus à vendre ; ils diminuent leur production en licenciant une partie de leur personnel. Une partie des entreprises disparaît dans des faillites.

ÉTUDIER UNE COURBE page 31

A1 : taux de natalité : nombre de naissances enregistrées en un an dans un groupe de 1 000 habitants.
A2 : en 1880 presque 25‰ ; en 1950 : 21‰ ; en 1987 : 14‰
A3 : il a baissé.
A4 : bilan naturel : différence entre le taux de natalité et le taux de mortalité.
A5 : en 1880 : +2‰ ; 1916 : -15‰ ; 1987 : +5‰.
A6 : en 1948 il était de +8‰.

B1 : les deux courbes montrent une tendance à la baisse.
B2 : les ruptures : la guerre 14-18, la Seconde Guerre mondiale, le baby-boom de l'après-guerre.

C2 : les couples sont séparés, les jeunes maris étant soldats.
C3 : de 1945 à nos jours, la mortalité baisse régulièrement. Le taux de natalité s'élève fortement lorsque les soldats et les prisonniers de guerre regagnent leur foyer, puis le taux de natalité baisse assez régulièrement et plus vite que le taux de mortalité. Il en résulte une baisse du bilan naturel pendant toute cette période.

D : 765 900 naissances.

E1 : classe d'âge peu nombreuse correspondant à un déficit des naissances.
E2 : 1915 -1920 et 1939-1946.

F1 : en 1880 : +0,2% ; 1890 : + 0,3% ; 1900 : +0,2% ; 1910 : +0,1% ; en 1920 : 0 ; 1930 : + 0,3% ; 1940 : -0,4% ; 1950 : + 0,8% ; en 1960 : +0,8% ; 1970 : + 0,7% ; 1980 : +0,3% ; 1987 : + 0,5%.
F3 : jusqu'en 1914 le bilan naturel est faiblement positif en raison d'une mortalité élevée. Il devient négatif pendant la guerre 14-18, puis se maintient à un faible niveau surtout après 1930. Pendant la Seconde Guerre mondiale il est négatif. Le baby-boom correspond à un bilan naturel élevé qui diminue ensuite mais se maintient à un niveau supérieur à celui du début du siècle en raison de la baisse de la mortalité pendant cette période.

ÉTUDIER UNE PYRAMIDE DES ÂGES page 33

A2 : garçons de 15 ans : 420 000 ; filles de 18 ans : 400 000 ;
français âgés de 20 ans : 820 000.
A3 : pyramide en triangle : non ; pyramide en toupie : oui.

B1 : oui ; **B**2 : non.
B3 : la pyramide des âges ne représente que des gens vivants. On peut donc placer le général de Gaulle sur la pyramide de 1921 (il a alors 31 ans), mais pas sur celle de 1988 (il est mort depuis 18 ans).

C1 : déficit des naissances pendant la guerre 1914-1918.
C2 : la population augmente fortement.
C3 : le baby-boom.

D : au sommet de la pyramide, les femmes sont plus nombreuses que les hommes parce que leur espérance de vie est plus grande.

E B : déficit des naissances pendant la Seconde Guerre mondiale.
E C : baisse récente de la natalité après 1972.
E D : correspond aux hommes morts à la guerre 1939-1945.

F1 : le problème sera celui du financement des retraites en raison du vieillissement de la population.
F2 : la pyramide aura un flanc et un sommet renflés et une base plus étroite. (un triangle reposant sur sa pointe).

ÉTUDIER UN DIAGRAMME CIRCULAIRE page 35

A1 : importation : achat de biens et de services à l'étranger.
A2 : exportation : vente de biens ou de services à l'étranger.

B1 : 860 milliards de francs.
B2 : 944 milliards de francs.

C1 : balance commerciale : différence entre la valeur des exportations de biens et celle des importations de biens d'un pays.
C2 : R.F.A. ; Pays-Bas.

D1 : R.F.A. ; **D**2 : R.F.A.
D3 : Royaume-Uni ; Espagne.

E1 : La France importe beaucoup plus de produits énergétiques qu'elle n'en exporte.
E2 : La France exporte plus de produits agricoles et alimentaires qu'elle n'en importe.

ANALYSER UNE IMAGE page 37

A1 : Hergé. **A**2 : 1934. **A**3 : en Chine.

B1 : le début de la tension entre Chine et Japon ; l'annexion de la Mandchourie.
B2 : Il ne s'agit pas de bandits Chinois ; aucun train n'a été attaqué.

C1 : en exagérant l'affaire, en parlant de victimes dont certaines sont japonaises, en parlant de brigandage chinois.
C2 : le Japon se présente en défenseur de l'ordre et envoie des troupes en Chine.

D1 : Europe, (Amérique ?), Asie, Afrique.
D2 : presse écrite, radio.
D3 : à Genève, à la Société des Nations.

E1 : propagande = utiliser des faits en les déformant dans le but d'arriver à ses fins sur le plan politique.
E2 : nationalisme = attachement passionné à son pays, croyance en la supériorité de son pays.
E3 : impérialisme = attitude de domination politique, économique, militaire d'un État sur d'autres États ou territoires.

F1 : l'Allemagne nazie, l'Italie fasciste, l'U.R.S.S.
F2 : Hergé décrit des faits historiques contemporains : l'annexion de la Mandchourie par le Japon date de 1931, la bande dessinée est publiée en 1934.

ANALYSER UNE CARTE HISTORIQUE page 39

A1 : l'Europe allemande en 1942. **A**2 ; **A**3 ; **A**4 : oui.

B1 : quatre pays alliés de l'Allemagne : à choisir parmi l'Italie, la Finlande, la Hongrie, la Roumanie, la Bulgarie.
B2 : la Suède, la Suisse, l'Espagne, la Turquie, l'Irlande.
B3 : le Royaume-Uni et l'U.R.S.S.

C2 : colorier l'Italie et l'Albanie (avec leurs annexions). L'expression «Axe» désigne l'alliance de l'Allemagne et de l'Italie (1936) d'après une phrase du discours prononcé alors : «l'axe de l'Europe passe désormais par Rome et par Berlin».
C3 : violet : Norvège, Danemark, Pays-Bas, Belgique, France, Ostland et Ukraine jusqu'au front, Croatie, Serbie, Monténégro, Grèce, Tunisie.

D1 : «mur de l'Atlantique» : fortifications côtières dressées par les Allemands de l'Espagne au Cap Nord pour empêcher tout débarquement allié en Europe.
D2 : «France de Vichy» : nom donné à la zone libre gouvernée par le maréchal Pétain qui a installé sa capitale à Vichy.

E1 : pays disparus en 1942 : Pologne, Yougoslavie.
E2 : la Pologne est en partie annexée directement (Posnanie et district de Byalystok) en partie transformée en protectorat intégré au reich. La Yougoslavie est démembrée (Croatie, Montenegro, Serbie) ou perd des territoires donnés à ses voisins (Italie et Albanie, Hongrie, Bulgarie).
E3 : Il s'agit de récupérer les terres irrédentes (côte dalmate) ou d'agrandir l'Albanie italienne des régions yougoslaves peuplées d'Albanais.

F1 : La France de Vichy est gouvernée par un gouvernement théoriquement indépendant et n'est pas occupée avant novembre 1942, alors qu'en Norvège, Danemark,Croatie et Grèce, les Allemands occupent le pays et en ont confié l'administration à un gouvernement local qui leur est soumis (sauf le Danemark qui reste largement autonome jusqu'en 1943).
F2 : l'emploi de main-d'œuvre partant vers l'Allemagne (S.T.O.) ou les contributions financières des pays occupés.

ANALYSER UN ENSEMBLE DE DOCUMENTS page 41

A : céréales : blé, orge, avoine, seigle, maïs.

B1 : production : 212 millions de tonnes.
B2 : importations : 30 millions de tonnes.
B3 : prévisions du plan : 230 millions de tonnes.

C1 : la production évolue en dents de scie.
C2 : les importations ont varié entre 10 millions de tonnes et 55 millions de tonnes.

D : causes des difficultés de l'agriculture soviétique : intempéries ; agriculteurs âgés ; femmes très nombreuses n'acceptant pas le système soviétique ; niveau de formation de la main-d'œuvre agricole insuffisant.

E1 : 200 millions de tonnes de production : 1,9 tonne/ha = 105 260 000 hectares.
E2 : 31 millions d'hectares.

F : la culture des céréales couvre environ 105 millions d'hectares. La production de plus de 200 millions de tonnes varie d'une année sur l'autre en raison des intempéries. Cette production est insuffisante puisque l'U.R.S.S. doit importer annuellement plus de 25 millions de tonnes de céréales. La faiblesse des rendements, presque trois fois moins élevés qu' en France, s'explique par le manque de formation de la main- d'œuvre agricole composée surtout de femmes âgées. On a intensifié les cultures pour accroître les rendements sur 31 millions d'hectares mais les résultats demeurent globalement insuffisants.

ORGANISER LES CONNAISSANCES page 43

A1 : 8 ; 13 ; 23.
A2 : 7 ; 9 ; 20.

B : on peut associer l'idée d'irrigation à «construction de barrages» ; « les Rocheuses : un château d'eau» ; «sécheresse à l'ouest du 100e méridien».

C1 : 3 ; 5 ; 10 ; 11 ; 14 ; 15 ; 16 ; 18 ; 19 ; 21 ; 24.
C2 : 1 ; 2 ; 4 ; 6 ; 12 ; 17 ; 22.

D1 : irrigation. D2 : barrages.

E1 : 1. E2 : 17. E3 : 22. E4 : 12. E5 : 6.

F : l'agriculture des États-Unis est la première au monde. Comment s'explique cette puissance ? Pour répondre à cette question on peut se demander si c'est l'espace agricole qui est la source de cette richesse ou si c'est plutôt l'organisation de la production.

ÉTABLIR DES RELATIONS page 45

A : violente : Indonésie, Indochine, Algérie ;
pacifique : Inde, Côte-d'Ivoire, Sénégal.

B : Les maîtres Blancs divisés pendant la Première Guerre mondiale ; l'exploitation des colonies au profit de la métropole.

C1 : Houphouët-Boigny —> Côte-d'Ivoire ; Ben Bella —> Algérie ;
Nehru —> Inde ; Nasser —> Égypte ; Castro —> Cuba ;
Senghor —> Sénégal ; Hô Chi Minh —> Nord-Viêt-nam.
C2 : Indochine, Algérie et Sénégal —> France ; Inde —> Royaume-Uni ;
Angola —> Portugal ; Zaïre —> Belgique ; Indonésie —> Pays-Bas.

D : Causes : 1 ; 3 ; 6. Conséquences : 4. Hors sujet : 2 ; 5.

E : pays colonisateurs en 1946 : 1, 2, 4, 5, 7.
E11 : pays colonisateurs en 1970 : 5.

F : les indigènes acceptent mal la domination culturelle et économique de l'Europe. La Première Guerre mondiale montre la division des «maîtres Blancs», la Seconde, qu'ils ne sont pas invincibles. Les Européens ne tenant pas leurs promesses à l'égard des colonisés qui les ont aidés dans leurs conflits, ceux-ci réclament leur indépendance, parfois par la violence.
Ils reçoivent, pour des raisons différentes, l'appui de l'U.R.S.S., des États-Unis et des pays déjà décolonisés.

ÉTABLIR UN PLAN page 47

A1 : Mandchourie, ranching, feed lots, agri business.
A2 : bassin houiller du Donbass, secteur secondaire important

B1 : 13 ; 15 ; 17 ; 19 ; 24. B2 : 6 ; 8 : 16 ; 22.
B3 : 3 ; 1 ; 3 ; 14 ; 20. B4 : 2 ; 3 ; 11 ; 12 ; 21.

C 1 : les deux tiers du pays ne sont pas cultivables en raison des contraintes climatiques et des latitudes élevées, mais la superficie agricole est supérieure à celle des États-Unis et le tchernoziom est un sol riche.
C2 : la partie européenne est la plus cultivée ; c'est le cas de l'Ukraine. La mise en valeur des Terres vierges du Kazakhstan et l'irrigation en Asie centrale augmentent l'espace cultivé.
C3 : Économie collectiviste : kolkhoze - lopin familial - sovkhoze.
C4 : la faible productivité, la forte variation annuelle de la production et la faiblesse des rendements s'expliquent par le manque d'engrais. Il faut donc procéder à de fortes importations de blé.

D : I - les régions agricoles et leurs productions.
II - de graves problèmes : une production qui plafonne, une productivité faible, des importations massives.
III - une agriculture en grande difficulté en raison des contraintes naturelles et du collectivisme agricole.

E : l'agriculture soviétique est la première du monde par sa production, mais elle est un des points faibles de l'économie. Quelles en sont les contraintes ? Quelles sont les grandes régions agricoles et leurs productions ? Comment l'agriculture est-elle organisée ? Quels sont les problèmes qu'elle rencontre ?

F : l'agriculture soviétique a une production massive mais irrégulière. Les contraintes naturelles, les pesanteurs du collectivisme agricole et le manque de moyens techniques expliquent les difficultés de l'agriculture qui contraignent l'U.R.S.S. à des importations massives de céréales. Le gouvernement tente de moderniser l'agriculture par des aménagements des terres et une meilleure intégration agro-industrielle. Il semble envisager une profonde réforme du système collectiviste.

INTRODUIRE ET CONCLURE page 49

A1 : c.
A2 : parce qu'il part d'une idée forte et pose des questions qui annoncent le plan du devoir.

B1 : b.
B2 : parce qu'il achève la démonstration du devoir en insistant sur les aspects du sujet qui sont les plus importants.

C : de quelles possibilités dispose l'agriculture américaine et que produit - elle ? Comment est-elle organisée pour parvenir à ces résultats ? Ne connaît - elle pas, elle aussi, des problèmes ?

D : une nature généreuse et des techniques modernes permettent à l'agriculture américaine d'avoir une production abondante et diversifiée.

E : les États-Unis sont le grenier du monde. Leur production agricole leur permet de disposer d'une « arme verte». Pourtant moins de 3% de la population active travaille sur les exploitations agricoles. Comment, dans ces conditions, expliquer la puissance de l'agriculture américaine ?

F : aux États-Unis, une nature généreuse permet des cultures très diversifiées, toutefois les résultats de l'agriculture américaine s'expliquent surtout par l'utilisation des techniques les plus modernes et la puissance de son complexe agro-alimentaire.Cependant beaucoup de petits agriculteurs sont dans une situation difficile. L'agriculture américaine n'est donc pas, elle non plus, sans problèmes.

RÉSUMER PAR UNE CARTE page 51

A : montagnes : Appalaches, Rocheuses, chaînes côtières, mont Whitney, Sierra Nevada ;
fleuves : Mississippi, Saint-Laurent, Snake, Colorado ;
plaines : plaine littorale, Grandes Plaines.

D1 : montagnes. D2 : plaines.

E1 : air polaire. E2 : air tropical. E3 : vents d'ouest chargés de pluie.

× DRESSER UN TABLEAU page 53

A1 : doc. 4 et 5. A2 : doc. 1 et 3. A3 : doc. 1 et 2.
A4 : doc. 5. A5 : doc. 2.

B1 : la bourgeoisie et le patronnat s'opposent aux salariés (ouvriers en particulier).
B2 : le doc. 5 est un extrait de la «une» du journal «Paris-Soir Dimanche».
B3 : il est daté du 1er octobre 1938.

C1 : la guerre 14-18 entraîne une augmentation des décès et une baisse des naissances et des mariages ; aux pertes de la guerre, on peut ainsi ajouter un déficit des naissances, les «classes creuses».
C2 : l'Allemagne connaît une situation identique, mais moins grave à long terme car la natalité y est plus forte qu'en France.

D1 : la France n'est pas sortie de la crise de 1929 car les indices sont tous inférieurs à ceux de 1928 (93 pour le textile, 88 pour l'indice général, 72 pour la métallurgie).
D2 : le doc. 5 rend compte de la conférence de Munich à la fin de septembre 1938.
D3 : quatre pays y ont participé : l'Allemagne, l'Italie, le Royaume-Uni et la France.
D4 : il a été alors décidé de donner à l'Allemagne les territoires tchèques peuplés en majorité d'Allemands (territoires des Sudètes)
D5 : la victoire du Front Populaire en 1936.

E : le pacifisme et la division politique des Français.

F : en 1939, la France a-t-elle surmonté les difficultés nées de la guerre 14-18 et de la crise politique et économique des années 30 ? Est-elle apte à faire face à une Allemagne conquérante, ou ses divisions l'affaiblissent-elles sur la scène internationale ?

TABLE DES MATIÈRES

Références iconographiques : p. 16 doc. 1 : Phedon Salon/Artephot, doc.2 et 4 : photos J.-M. Lambin, doc. 5 : SNARK/Nal Archives Washington ; p. 36 : Hergé, *Le Lotus bleu*, Casterman; p. 52 : Édimédia.

Imprimé en France par Mame Imprimeurs, Tours.
Dépôt légal n° 4570-09-89 - Collection n° 28 - Édition n° 01
12/4832/7